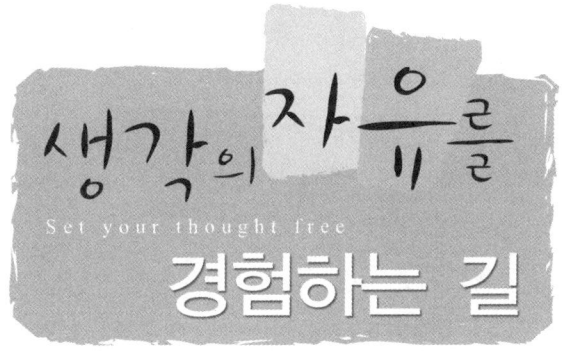

생각의 자유를
Set your thought free
경험하는 길

정원 지음

영성의 숲

서 문

하나님께서 사람에게 주신 가장 귀한 선물은 생각할 수 있다는 것입니다. 이 의식의 능력을 통해서 사람은 자연을 개척하고 동물을 지배하며 삶을 선택해 왔습니다.

생각을 통해서 사람은 진정 풍성한 삶을 누릴 수 있습니다. 그러나 이 놀라운 생각의 기능을 잘 사용하지 못하고 낮은 차원의 어두운 생각에 사로잡히거나 자신을 속박하는 생각에 지배된다면 이 귀한 하나님의 선물은 사람에게 오히려 큰 재앙이 될 수도 있는 것입니다.

잠언 4장 23절은 "무릇 지킬 만한 것 보다 더욱 네 마음을 지키라. 생명의 근원이 이에서 남이니라."고 말하고 있습니다. 이 말씀도 역시 생각과 마음 관리의 중요성에 대해서 언급하고 있는 것입니다.

그러나 오늘날 많은 사람들은 이렇게 중요한 생각을 제대로 관리하지 못하며 마음을 잘 지키지 못하고 있습니다. 생명의 근원이 되는 이 마음과 생각을 잘 지키지 못하므로 쉽게 두려움에 빠지기도 하고, 분노에 사로잡히기도 하며, 하지 않아도 될 걱정에 빠지곤 합니다. 그리하여 너무나도 쉽게 마음의 평화를 잃어버리며 생명의 근원이 약해지고 있는 것입니다.

그러한 잘못된 생각의 결과는 무엇일까요? 그것은 자신이 스스로 만든 생각의 감옥에 갇혀서 매우 비참한 삶을 살아가게 되는 것입니다. 우리는 생각을 지키고 다루며 잘 관리하는 것이 자신의 재산을 지키는 것 보다, 건강을 지키는 것 보다 더 중요한 것이며 생명의 근원이 되고 행복의 근원이 된다는 것을 진정 새롭게 인식해야 합니다. 그리하여 우리의 삶을 풍성하고 아름다운 것으로 만들어야 합니다.

이 책은 생각의 원리를 살펴보고 생각을 관리하고 지킴으로써 누구나 쉽게 행복에 이르는 길로 갈 수 있도록 도와주기 위하여 쓰여졌습니다. 부디 이 책이 당신의 영적 성장과 사고의 전환에 도움이 되시기를 기원합니다.

* 이 책은 《그리스도인의 생각 다스리기》라는 제목으로 이레서원에서 발간되어 많은 독자님들의 사랑을 받았습니다.

이번에 영성의 숲에서 새로 내게 되어 원문에서 빠졌던 6개 항목을 다시 수록하였으며 책의 제목도 《생각의 자유를 경험하는 길》로 고치게 되었습니다.

그 동안 사랑해주셨던 독자님들께 감사를 드리며 계속해서 생각의 자유와 성숙을 향하여 나아가시는데 이 책이 작은 도움이 되었으면 합니다. 주님의 사랑과 은총이 독자 여러분들 모두에게 임하기를 기원합니다. 샬롬.

2005. 6. 정원 드림.

1부 생각의 힘

1. 자신을 쥐라고 생각한 청년 · 10
2. 나무 위에 올려놓은 염려와 근심 · 13
3. 자신을 돌이라고 믿는다면 · 16
4. 고무 호스와의 전쟁 · 18
5. 인간 생명의 특성은 생각하는 생명입니다 · 20
6. 생각은 행동을 지배합니다 · 24
7. 생각의 감옥에서 벗어나십시오 · 27
8. 생각을 다스릴 수만 있다면 · 29
9. 생각은 목숨까지 좌우합니다 · 33
10. 생각은 에너지입니다 · 37
11. 생각 에너지는 외부로 발사됩니다 · 39

2부 생각의 원리

12. 생각은 컴퓨터의 입력장치와 같습니다 · 44
13. 생각은 살며시 들어와 그 사람의 인생을 지배합니다 · 47
14. 생각이 쌓이면 욕망이 됩니다 · 49
15. 부정적인 감정을 당신 안에 허용하지 마십시오 · 51
16. 당신은 정죄할 자격이 없습니다 · 54
17. 우리에게는 선택권이 있습니다 · 57
18. 생각은 사라지지 않고 깊은 곳으로 가라앉습니다 · 59
19. 자신만이 자신에게 상처를 줄 수 있습니다 · 62
20. 생각에게 사로잡히지 마십시오 · 66
21. 사람은 즐거운 것에 사로잡힙니다 · 68

22. 본질적이 아닌 것으로 씨름하지 마십시오 · 72
23. 상처를 받기 전에 한번 더 생각하십시오 · 74
24. 다른 사람의 권리를 인정하십시오 · 78
25. 남의 잘못을 함부로 비난하지 마십시오 · 82
26. 흑백논리에서 벗어나십시오 · 86
27. 집중된 생각은 강력한 에너지입니다 · 90
28. 생각은 외부에서 들어옵니다 · 92
29. 생각 에너지는 변화되며 발전합니다 · 98
30. 생각은 씨앗이며 생각의 결과는 열매입니다 · 102
31. 생각과 영들은 비슷한 종류끼리 서로 모입니다 · 107

3부 생각의 관용

32. 생각의 변화가 부흥이고 행복이며 성숙입니다 · 114
33. 시대사조의 오염에서 벗어나십시오 · 119
34. 좁은 마음을 넓히십시오 · 122
35. 좋은 생각은 생기 에너지를 발산합니다 · 125
36. 종교적 아집만큼 무서운 것이 없습니다 · 128
37. 분노를 근본적으로 처리하십시오 · 132
38. 사랑성과 공격성이 조화되게 하십시오 · 136
39. 자신을 너그럽게 대하십시오 · 140
40. 비판받는 것을 두려워하지 마십시오 · 144
41. 게임에서 지는 것을 즐기십시오 · 149
42. 욕심에서 해방되십시오 · 155

43. 집착을 버리십시오 · 161
44. 자신에게 너무 민감하지 마십시오 · 164
45. 자신의 한계를 인정하십시오 · 168

4부 생각의 성숙

46. 내면의 보화를 추구하십시오 · 174
47. 분리 적인 사고가 재앙을 가져옵니다 · 176
48. 악한 생각과 사상의 주입을 조심하십시오 · 180
49. 좁은 길을 가십시오 · 185
50. 마음과 생각을 넓히십시오 · 189
51. 대화를 조심하십시오 · 192
52. 마음을 다스리면 행복해집니다 · 197
53. 생각과 행동은 부메랑처럼 돌아옵니다 · 201
54. 불쾌한 일은 좋은 기회가 될 수 있습니다 · 207
55. 능력에서 지혜로, 지혜에서 사랑으로 발전해 가십시오 · 215
56. 무거운 짐의 배달부는 누구입니까? · 220
57. 주님께서 당신에게 감옥의 열쇠를 주셨습니다 · 225

1부
생각의 힘

생각은 하나의 에너지입니다.
그것은 강력한 힘입니다.
우리가 그것을 인식하든, 못하든
생각은 우리 안에서 작용하며
우리의 삶에 영향을 미칩니다.
수 없이 떠오르는 생각과 상념들을
우리가 잘 관리할 수 있다면
우리는 좀 더 풍성한 삶을
살 수 있을 것입니다.

1. 자신을 쥐라고 생각한 청년

어떤 청년이 자신은 사람이 아니라 쥐라고 생각하게 되었습니다. 어째서 그런 생각을 하게 되었는지는 모르지만, 그는 그러한 망상으로 인하여 사회생활을 할 수가 없어서 정신 병원에 입원하게 되었습니다.

의사는 그를 열심히 치료했습니다.

의사는 그에게 "당신은 사람입니다."라고 말했습니다.

청년은 "아닙니다. 나는 쥐입니다." 라고 대답했습니다.

이러한 대화가 계속 반복되자 의사는 몹시 지쳤고, 그는 하나의 방법을 찾아냈습니다. 의사는 말했습니다.

"맞습니다. 사실, 당신은 과거에 쥐였습니다."

그는 청년을 칭찬해 주었습니다.

"그러한 사실을 깨달은 사람은 별로 많지 않은 데, 당신이 그것을 깨닫다니, 당신은 정말 대단한 사람이군요."

청년은 드디어 자신의 말을 인정해주고 이해하는 사람을 만나게 되어 몹시 마음이 뿌듯해졌습니다.

의사는 말을 이었습니다.

"그러나 이제, 당신은 변화되었습니다. 당신은 더 이상 쥐가 아닙니다. 당신은 드디어 사람이 되었습니다!"

의사는 그가 어떻게 사람이 되었는지를 열심히 설명했습니다. 그러자 청년의 눈에 이슬이 맺혔습니다.

"그렇군요. 내가 드디어 쥐의 생활을 청산하고 사람이 되다니.. 오! 내가 드디어 사람이 되었군요!"

청년은 드디어 완치가 되어 퇴원을 하게 되었습니다. 그가 휘파람을 불면서 떠나자, 의사는 이마의 땀을 닦으며 중얼거렸습니다.

"휴. 성공했구나. 참 힘든 치유였어."

그러나 그가 충분히 기뻐하기도 전에 청년이 다시 병원으로 뛰어 들어오는 소리가 요란하게 들려왔습니다.

의사는 물었습니다.

"웬 일이지요? 당신 문제는 이제 다 해결되었는데?"

청년이 벌벌 떨면서 말했습니다.

"선생님, 죄송합니다만, 병원 바로 앞에 고양이 한 마리가 앉아 있어요."

의사가 다시 말했습니다.

"그게 무슨 문제지요? 당신은 변화되었어요. 당신은 이제 더 이상 쥐가 아니란 말입니다. 고양이를 무서워 할 필요가 없어요."

청년은 의사의 눈치를 살피며 말했습니다.

"저도.. 알고 있습니다.. 제가 변화되었다는 것.. 저는 더 이상 쥐가 아니라는 것.."

청년은 아직도 미심쩍은 표정으로 말을 이었습니다.

"그러나 선생님. 고양이도 그 사실을 알까요? 제가 더 이상 쥐가 아니라는 사실을?"

이 청년은 사실 겉으로만 '나는 사람이다!' 라고 시인했을 뿐 마음속 깊은 곳에서는 '사실은 나는 쥐인데..' 하는 마음이 있었던 것입니다.

이 청년은 정말 사람입니다. 그러나 본인이 자신을 쥐라고 믿고 있는 한 그는 진정 쥐같이 생각하고, 쥐같이 행동하고 쥐로서 살아갈 수밖에 없는 것입니다. 그가 아무리 사람이라고 할지라도 그의 생각이 잘못되어 있으면 아무런 소용이 없는 것입니다.

정도의 차이는 있지만 얼마나 많은 사람들이 이 청년과 같이 잘못된 생각으로 자신을 제한하고 괴롭히며 스스로 만든 생각의 감옥에 사로잡혀 있는지요.

우리는 하나님의 피조물입니다. 우리는 매우 귀하고 아름다운 존재입니다. 그러나 이 사실을 경험하고 누리기 위해서는 우리의 생각과 마음이 잘 지켜져야 하는 것입니다.

2. 나무 위에 올려놓은 염려와 근심

근심과 번민으로 잠을 이룰 수 없는 밤이 있다면 그것처럼 고통스러운 일도 많지 않을 것입니다. 그런데 그러한 밤이 날마다 습관처럼 계속되어 많은 밤들이 편안한 안식의 시간이 아니라 고문처럼 여겨진다면 그것은 정말 견디기 어려운 일일 것입니다.

불행하게도 이와 같은 습관을 짊어진 남자가 있었습니다. 하루의 고단한 여정을 마치고 솜같이 피곤한 몸을 이끌고 집에 오면 그는 숙면을 취하여 내일의 삶을 위한 대비를 해야 했지만 그가 침대에 눕는 순간부터 몸은 너무나도 피곤했지만 그의 머리는 온갖 염려로 가득 채워져서 도저히 잠을 이룰 수가 없었던 것입니다.

앞으로 할 일들에 대한 염려, 불확실한 미래에 대한 두려움, 그 외의 잡다한 근심, 염려들이 쉬지 않고 뇌리에 떠올라서 그는 도저히 잠을 이룰 수가 없었습니다.

그가 잠을 제대로 자지 않고 이 생각, 저 생각, 이 근심, 저 근심에 잠겨있다고 해서 어떤 해결책이나 유익이 있는 것도 아니었습니다.

해결책은커녕 오히려 밤새 잠을 제대로 자지 못했기 때문에 그 다음날이 더 엉망이 되어 버렸던 것입니다. 그러나 그와 같은 사실을 잘 알면서도 그는 습관적으로 많은 생각에 빠져 잠 못 이루는 피곤한 밤을 계속 반복하였던 것입니다.

어느 날 그는 밤늦게 피곤한 몸을 이끌고 집에 도착했습니다. 그는 이 날도 집에 들어가면 다시 침대 위에 누워서 밤이 새도록 염려와 근심으로 씨름을 해야 하는 것입니다. 그는 인생이 너무 피곤한 것이라고 느꼈습니다.

그의 집 정원 앞에는 오래된 나무 하나가 서있었습니다. 그런데 그 날 밤, 그는 문득 그런 생각이 떠올랐습니다.

'오늘밤은 너무 피곤하다. 푹 쉬고 싶다. 그런데 나는 너무 근심이 많아서 잠을 잘 수가 없다. 그러니 오늘은 집에 들어가기 전에 나의 모든 근심과 염려를 이 나무 위에 걸어 놓고 가면 어떨까? 그리고 내일 아침에 직장에 갈 때 다시 문제들을 찾아가면 되지 않겠는가? 나무야 항상 여기 있으니 내가 맡긴 것들이 도망가지도 않을 것이다.'

그는 아주 좋은 생각이라고 판단하고 홀가분한 마음으로 집으로 들어갔습니다. 샤워를 하고 그가 침대에 누워 잠을 청하는 순간 다시금 여러 근심들이 떠오르기 시작했습니다.

그러자 그는 말했습니다.

"아니야. 나는 지금 근심이 없어. 내 모든 짐들은 지금 저 바깥의 나무 위에 걸려있으니까."

근심 어린 생각들이 떠오를 때마다 청년은 그렇게 되풀이해서 말했습니다. 그렇게 몇 번 반복하자 더 이상 생각은 떠오르지 않앉습니다. 정말 오랜만에 그는 푹 잠을 잘 수가 있었습니다. 그리고 그가 숙면을 취하고 아침에 그 나무에게로 가보니 그 나무 위에는 지난밤에 그가 걸어놓았던 문제들이 그대로 걸려 있는 것이었습니다. 그런데 놀랍게도 그 문제들은 그가 지난밤에 걸어놓았던 것보다 아주 작아져 있었던 것입니다. 이제 그 문제들은 더 이상 문제 같이 보이지도 않았습니다.

밤새 숙면을 취한 그는 아주 기분이 좋아져서 낙관적인 마음으로 문제를 볼 수 있게 되었기 때문입니다. 그리하여 청년은 즐거운 마음으로 직장에 갈 수가 있었습니다.

이것은 아주 간단한 사고 전환의 한 예입니다.

'지금 나의 모든 염려는 저 바깥의 나무 위에 있으며, 그러므로 나에게는 지금 염려가 없다' 고 생각하는 단순한 사고의 전환이 온 몸의 긴장과 경직됨을 부드럽게 풀어주었던 것입니다.

사실 문제는 별로 사람들에게 고통을 줄 수가 없으며 그 문제에 대한 염려가 사람들에게 고통을 주는 것입니다. 그러므로 문제에 대한 인식을 바꿀 때 그것은 더 이상 사람을 괴롭힐 수가 없는 것입니다.

이와 같은 단순한 생각의 전환, '저 나무 위에 내 짐을 다 올려놓았다' 는 생각 하나가 사람을 자유롭게 할 수 있다면 우리를 창조하신 아버지를 신뢰하고 그분의 돌보심을 신뢰하며 우리를 위해 죽으신 주님을 신뢰하는 믿음의 사고는 얼마나 우리의 영혼을 자유롭게 할 수 있을까요.

이와 같이 생각의 전환은 바로 자유함의 시작인 것입니다.

3. 자신을 돌이라고 믿는다면

어떤 사람이 자신을 돌이라고 생각하게 되었습니다. 바위 위에서 명상을 하다가 그는 자신이 바위 위에서 명상을 하는지, 아니면 자신이 바위이고 자신 위에서 사람이 명상을 하는지 혼동이 되다가 급기야는 자신이 돌이라고 생각하게 되었던 것입니다.

그는 자신이 돌이라고 생각했기 때문에 몸을 움직이지 않으려고 노력했습니다. 자신은 돌이기 때문에 음식도 필요 없었습니다. 그 결과는 너무나 뻔한 것이었습니다.

그는 얼마 후에 죽고 말았습니다. 그는 육체는 차가운 흙으로 돌아가고 말았습니다. 그의 몸은 그의 믿음대로 돌과 같은 흙이 되어버리고 말았던 것입니다. 결국 그의 생각이 그를 죽인 것입니다.

어떤 하나의 생각이 믿음이 되고 확신이 되어 그 생각이 오래 지속되면 그것이 사실이든, 아니든 그것이 좋은 믿음이든, 나쁜 믿음이든 그것은 현실화되는 것입니다. 이와 같이 생각은 날마다 자기 자신을 어떤 모습으로 만들어 가는 것입니다.

생각은 자신을 죽일 수도 있고, 아름답게 만들어 줄 수도 있습니다. 그것은 가장 무서운 독이 될 수도 있으며 가장 위대한 복이 될 수도 있습니다. 자신의 생각에 빠지지 않고 자신의 생각과 생각하는 경향을 객관적으로 조심스럽게 관찰할 수 있다면 우리는 자유에 이르는 길을 이미 시작한 것입니다.

4. 고무호스와의 전쟁

늦은 밤 어떤 사람이 자신의 집으로 들어가고 있었습니다. 그런데 그는 자기 집의 정원에서 독성이 강한 코브라 뱀이 그를 향하여 고개를 빳빳이 세우고 노리고 있는 것을 발견하게 되었습니다.

그는 갑자기 온 몸이 얼어붙는 것을 느꼈습니다. 그의 심장은 무섭게 뛰었고, 피 속의 아드레날린은 증가되었습니다. 그는 숨도 제대로 쉴 수 없었고 손가락 하나도 움직일 수가 없었습니다. 온 몸에 식은땀이 흘렀습니다.

영원과 같이 생각되던 몇 초가 흐른 뒤, 그는 바로 가까운 곳에 도끼가 있는 것을 발견하였습니다. 그는 재빠르게 도끼를 집어 들고 순식간에 그것을 휘둘러서 그 무서운 뱀을 토막 내고 말았습니다. 그리고 나서 간신히 집에 들어온 그는 완전히 탈진하여 쓰러져 버리고 말았습니다.

이튿날 아침, 그가 직장에 출근하기 위하여 집을 나섰을 때 그는 정원 한 가운데에 수도꼭지와 연결되어 있는 고무호스가 토막토막 잘라져 있는 것을 발견하였습니다.

이것을 보고 그는 의아하게 생각했지만 곧 그것이 지난밤 그가 싸웠던 뱀의 정체인 것을 깨닫게 되었습니다. 그는 놀라운 열정으로 고무호스와 전투를 벌였던 것입니다. 그제야 상황을 파악한 그는 쓴웃음을 지었습니다.

많은 경우에 사람들은 싸우지 않아야 할 대상과 싸웁니다. 그것은 상대의 정체와 의미를 분명히 파악하지 못했을 때에 생기는 것입니다. 많은 경우에 우리가 싸우고 있는 사람들은 우리의 적이 아닙니다. 그들은 오히려 우리가 사랑해야 할 사람입니다.

우리는 살아가면서 자주 이러한 착각에 빠지곤 합니다. 그래서 우리는 불필요한 긴장과 갈등 속에서 살아가곤 하는 것입니다.

고무호스는 뱀이 아닙니다. 그러나 그것을 뱀으로 생각하면 그것은 우리에게 고통을 줄 수 있습니다. 우리는 고무호스를 보고 심장마비에 걸릴 수도 있습니다. 고무호스는 위험한 존재가 아니지만 그것을 위험한 존재로 생각하면 그것은 우리에게 해를 끼칠 수가 있는 것입니다.

그러므로 진정 우리에게 해가 되는 것은 어떤 대상이 아니라 우리 자신의 분명하지 않은 생각이며 바르지 않은 판단입니다. 바르지 않은 판단으로 인하여 두려워할 필요가 없는 것을 두려워하며 싸우지 않아도 될 대상과 싸울 수 있는 것입니다.

우리는 그러한 오류에서 벗어나야 합니다. 그리하여 불필요한 고통과 두려움에서 벗어나야 합니다. 이를 위하여 우리는 바른 생각과 선명한 통찰력을 구하고 사모해야 할 것입니다.

5. 인간 생명의 특성은 생각하는 생명입니다

하나님은 세상을 체계적으로, 계통적으로 질서 있게 창조하셨습니다. 광물계 위에 식물계를, 식물계 위에 동물계를, 동물계 위에 인간계를 만드셨습니다. 그리고 위의 세계가 아래 세계를 지배하도록 질서를 세우셨습니다.

그렇다면, 인간은 무엇을 통해서 그들을 다스리고 지배할 수 있었을까요? 그 답은 각 계통의 특성을 통해서 얻을 수 있습니다.

광물계는 땅과 바위와 같은 것이며 환경의 기초를 형성하고 있습니다. 이 세계는 외형이 크기는 하지만 수동적이며 움직이지 못합니다. 그러므로 생명을 가지고 있는 상위 계층의 지배를 받게 됩니다.

광물계의 상위 계층은 식물계입니다. 이 식물계는 광물계보다 우위에 있으며 광물계를 지배합니다.

식물은 생명을 가지고 있으며 그 생명의 특성은 자라는 것입니다. 큰 바위 사이에 아주 작은 씨앗이 떨어지면 그 씨앗은 자라면서 그 바위를 갈라놓습니다. 씨앗은 아주 작은 것이지만 그 안에 성장하는 생명이 있기 때문에 움직이지 못하는 바위를 움직이며 영향을 줄 수 있는 것입니다.

식물보다 상위 계층에 있는 것은 동물입니다. 동물 생명의 특성은 움직임이라고 할 수 있습니다. 식물은 생명이 있기는 하지만 움직이는 생명이 없기 때문에 움직이는 생명을 지닌 동물에게 먹이로 제공됩니다. 이와 같이 동물의 생명의 특징은 움직이는 생명입니다.

동물은 강한 몸을 가지고 있습니다. 어떤 동물은 날카로운 이빨을, 날카로운 발톱을, 어떤 동물은 강한 뿔을, 어떤 동물은 아주 빠른 발을, 어떤 동물은 위험한 독을, 어떤 동물은 엄청나게 큰 몸집을 가지고 있습니다.

육체의 기능이나 힘에 있어서 인간은 이들 동물을 이길 수 없습니다. 사람은 아무리 빨라도 사자보다 빠르지 못하며 아무리 힘이 세도 코끼리보다 세지 못합니다.

그러면 어떻게 인간은 이들을 다스리고 지배할 수 있을까요? 그 해답은 인간 생명의 특성에 있습니다.

인간 생명의 특성에는 자라는 것도 포함되고 움직이는 생명도 포함되지만 인간만의 특성은 생각하는 것입니다. 하나님께서는 인간에게 생각할 수 있는 복을 주셨으며 그것이 인간 생명의 특성입니다. 즉 인간은 생각과 지혜로 인하여 동물과 식물과 온 세계를 통치하고 다스리는 것입니다.

계통적으로 생명 있는 것은 생명이 없는 것을 이기며, 움직이는 생명은 정지된 생명을 이기며 생각하는 생명은 움직이는 생명을 이깁니다.

동물은 아주 강하고 빠르고 크지만, 그들은 본능의 생명으로 움직이기 때문에 그들은 지혜를 가진 사람을 이길 수가 없는 것입니다.

사람은 날카로운 이빨도 없고 발톱도 없지만 하나님께서 주신 지혜로서 동물을 제어할 수 있는 여러 가지의 방법을 만들 수가 있습니다. 함정을 파놓을 수도 있고, 도구를 사용할 수도 있으며, 무기를 사용할 수도 있습니다. 이와 같이 지혜는 육체적인 힘보다 우월한 것입니다.

그러므로 사람은 사람의 장점이며 특권인 생각과 지혜를 발전시켜야 합니다. 그 생각과 지혜를 통해서 삶을 다스리고 지배하고 만들어가야 하는 것입니다.

만일 어떤 사람이 생각과 지혜의 힘보다 육체의 힘을 더 의지한다면 그는 어리석은 사람입니다. 그것은 자신을 동물의 차원으로 생각하고 있는 것입니다.

육체의 힘이 아무리 강하고 활동력이 아무리 강하다고 해도 그것은 인간 특유의 힘이 아닙니다. 그것은 무한한 능력이 아니며 거기에는 한계가 있습니다. 육체의 힘에 의존하는 사람들은 생각과 지혜를 사용하는 사람을 뛰어넘을 수 없습니다.

자동차 사고가 났을 때 무조건 소리부터 지르는 사람들이 있습니다. 이해가 서로 부딪치는 일이 있거나 싸우게 되면 큰 소리를 지르거나 완력으로 상대의 기를 죽이려고 하는 이들이 있습니다.

그러한 행동은 어리석은 것입니다. 그것은 동물로서는 자연스러운 일이겠지만 사람으로서는 자연스러운 일이 아닙니다.

사람은 이럴 때에 생각을 해야 하고 지혜를 사용해야 하며 차분하게 안정된 마음으로 자신의 입장을 설득력 있게 표현해야 합니다. 힘으로 문제를 해결해나가려는 사람은 결코 좋은 열매를 맺을 수 없습니다.

인간의 힘은 육체의 운동력에서 기인하는 것이 아니라 참된 지각의 발전, 통찰력의 증가, 진리에 대한 이해의 발전에서 오는 것입니다. 그리고 이러한 발전에서 참 행복과 영혼의 진보가 시작됩니다.

인간의 생명의 특징은 생각하는 생명입니다.

지각하고 사고하고 깨닫는 생명입니다.

모든 사람은 이 생명의 특성을 발전시켜야 합니다. 그럼으로써 우리는 풍성한 삶을 살 수 있으며 우리에게 주어진 사명을 잘 감당할 수 있게 되는 것입니다.

6. 생각은 행동을 지배합니다

사람의 몸은 생각의 종입니다. 사람의 행동도 생각의 결과입니다. 의식적으로든, 무의식적으로든 어떤 생각을 하면 몸은 그것을 행동으로 옮깁니다.

의식이 '종로로 가야지' 하면 몸은 자동적으로 종로를 향해 움직입니다. 생각이 '전화를 해야지' 하면 눈은 전화기를 찾고, 발은 전화기를 향해서 움직이며, 손가락은 전화기의 버튼을 누릅니다.

사람은 일반적으로 생각을 한 후에 움직이며, 먼저 움직인 후에 생각하지는 않습니다.

'나는 지금 무엇을 하고 있지? 아. 전화를 걸고 있구나.' 하는 사람은 없습니다. 먼저 전화를 하려고 결정한 후에 행동이 나타나는 것입니다.

이와 같이 눈에 보이는 행동 이전에 눈에 보이지 않는 사고의 영역이 있는 것입니다. 보이는 행동은 물질세계의 영역이지만, 보이지 않는 생각은 영적인 세계의 영역입니다. 이와 같이 정신적인 영역은 물질적인 영역을 지배하는 것입니다.

많은 사람들의 행동이 잘못되어 있습니다. 그들은 그러한 잘못된 습관이나 행동을 고치려고 노력합니다. 담배를 끊으려고,

술을 끊으려고, 악한 습관을 버리려고 노력합니다. 그러나 그러한 행동의 잘못 이전에 생각이 잘못되어 있고, 영이 잘못되어 있기 때문에 생각을 먼저 고치지 않는 한, 결코 행동을 고칠 수는 없는 것입니다.

많은 사람들이 무례한 행동을 합니다. 여유 없이 바쁘게 움직입니다. 이기적인 행동을 합니다. 교만한 행동을 합니다. 더러운 말을 합니다. 사나운 말과 행동을 합니다. 그 모든 것이 병든 생각, 망가진 마음에서 기인하는 것입니다.

이러한 행동들에 대해서 마음을 고치지 않고 육체의 행동만을 고치려고 억압하는 것은 몹시 힘들고 부자연스러운 일입니다. 그러나 마음과 영혼이 바르게 되면 자연스럽게 바른 행동이 나오게 됩니다. 그러한 영혼과 생각의 변화를 통한 행동의 변화, 그것이 바로 자유인 것입니다.

당신의 행동을 고치지 말고 당신의 생각을 고치십시오. 당신의 생각을 고치기 이전에 당신의 생각을 관찰해 보십시오. 당신의 취향을 연구해 보십시오. 어떻게 당신이 그러한 성향을 가지게 되었는지 조사해 보십시오.

당신은 막상 자신에 대해서 별로 아는 것이 없다는 것을 깨닫게 될 지도 모릅니다. 어쩌면 당신이 알고 있는 자신은 진정한 자신이 아니라 누군가에게 세뇌된 자신, 누군가의 모습이 투영된 자신일지도 모릅니다.

자신을 공부하십시오. 자신을 연구하십시오. 자신에 대하여 설문 조사를 해 보십시오. 많은 질문을 던지십시오.

진정한 바른 생각과 인격, 행동을 소유하기 위하여 자신의 생각을 분석하고 조절하십시오. 생각은 행동을 낳습니다. 생각은 자신을 만듭니다. 그러므로 당신의 생각이 건강해질 때 당신은 자신의 행동을 컨트롤할 수 있으며 행복하고 자유로운 미래를 만들 수 있을 것입니다.

7. 생각의 감옥에서 벗어나십시오

　이 세상에서 가장 무서운 감옥은 생각의 감옥입니다. 그것은 남들이 만들어준 것이 아니라 자신이 스스로 형성한 감옥입니다.
　사람들은 자신이 만들어낸 두려움의 감옥, 슬픔의 감옥, 분노의 감옥, 절망의 감옥 등에 갇혀 있으면서도 그 사실을 알지 못하고 자신이 환경의 감옥에 갇혀있다고 생각합니다.
　그러나 그것은 사실이 아닙니다. 눈에 보이는 환경이 진정한 감옥이며 진정한 고통이라면 왜 동일한 환경 속에서 어떤 사람은 몹시 힘들어하며 어떤 사람은 별로 대수롭지 않게 느낄까요.
　똑같은 일을 겪은 후에 어떤 사람은 몹시 절망한 모습으로 '역시 난 안 돼!' '나는 살 가치가 없어!' 라고 말합니다.
　다른 사람은 허허 웃으며 '그 까짓 것!' 하고 맙니다.
　이러한 반응의 차이는 어디서 오는 것일까요. 그것은 어떤 사람은 자신의 감옥에 갇혀 있으며 어떤 사람은 갇혀 있지 않기 때문입니다.
　각 사람은 생각의 상태와 수준에 따라 그의 인격, 영격, 운명이 형성됩니다. 생각의 밝고 어두운 정도, 생각의 강하고 약한 정도, 좁고 넓은 정도, 얕고 깊은 정도에 의해서 그 자신이 만들어져갑니다. 각 사람이 하고 있는 평균적인 생각이 곧 그 사람이며 그 사람의 운명인 것입니다.

환경은 절대적인 것이 아닙니다. 그것은 그림자에 불과합니다. 그것은 자신의 생각이 만들어낸 결과에 불과한 것입니다.

그것은 남이 만들어낸 것이 아닙니다. 그러므로 고통의 감옥에 갇혀있는 사람은 자신이 스스로 그 곳을 빠져 나오지 않는 한 아무도 그를 도와줄 수 없습니다. 자신을 남의 피해자라고 생각하는 사람은 영원히 거기에서 나오지 못합니다.

자신이 만들어낸 생각의 감옥을 발견하십시오.
자신이 형성한 환상의 세계를 발견하십시오.
그리고 더 이상 환경에 종속된 사람으로서 살지 말고
환경의 주인으로서의 당신의 위치를 발견하십시오.
하나님께서 허락하신 이 생각의 기능을 통하여
당신의 삶을 풍요롭고 아름답게 만드십시오.
믿음으로 만들어 가는 당신의 생각 하나 하나에
하나님께서 함께 하실 것입니다.

8. 생각을 다스릴 수만 있다면

땅바닥에 폭이 1m인 널빤지가 길게 깔려져 있습니다. 그 널빤지 위를 걸어가지 못할 사람은 아무도 없을 것입니다. 그러나 동일한 널빤지가 100m 높이에 걸려있다면 그 위를 태연하게 걸어갈 수 있는 사람은 아마 거의 없을 것입니다. 바닥에 바짝 엎드려 기어가거나, 아니면 꼼짝도 못하고 그 자리에 얼어붙어 있을 것입니다.

그 이유는 무의식적으로 그의 마음속에 '여기서 떨어지면 끝장이다' 하는 생각이 들어와 있기 때문입니다.

그가 아무리 '나는 괜찮아. 절대로 떨어지지 않아. 나는 여기를 걸어갈 수 있어' 라고 생각하려고 해도 그는 여전히 몸을 움직일 수가 없습니다.

그 이유는 무엇일까요. 그것은 '여기서 떨어지면 죽는다' 라는 생각이 '나는 걸어갈 수 있다' 라는 생각보다 훨씬 더 강력하고 깊게 들어와 있기 때문입니다.

여기서 우리는 몇 가지 사실을 발견할 수가 있습니다.

첫째로, 두 가지, 혹은 여러 가지의 생각들이 서로 싸울 때, 가장 강한 생각이 그 사람의 행동을 지배한다는 것입니다.

약하고 힘이 없는 생각은 아무리 많아도, 그 반대가 되는 하나의 강한 생각에 떠밀리면 그 사람에게 영향을 주지 못한다는 것입니다.

이것이 많은 사람들이 죄와 싸우기 원하면서도 유혹에 넘어지곤 하는 이유입니다. 그는 여러 가지의 의로운 생각이 있지만, 죄의 즐거움에 대한, 쾌락에 대한 강렬한 소원 때문에 그의 의로운 생각은 힘없이 밀려나고 마는 것입니다.

물론 이것으로 싸움이 끝난 것은 아니며, 의로운 생각은 잠시 패배했지만 다시 전열을 정비해서 죄의 쾌락과 싸울 것입니다.

육의 쾌락에 속한 생각은 순간적으로는 강렬하지만, 잠시 후면 소멸되기 때문에 사람은 곧 자신의 행동을 후회하며 자신의 행동을 바꾸고 싶은 마음을 가지게 됩니다. 그러므로 의의 생각은 다시 쾌락에 대한 생각과 일전을 벼르게 될 것입니다.

그렇게 해서 승리의 고지를 탈환할 수도 있고, 아예 여러 번의 패배 끝에 낙심하여 전투를 포기할 수도 있을 것입니다. 이것은 그 생각의 주인이 어느 쪽에 힘을 더 실어주느냐에 달려 있는 것입니다.

둘째로, 생각은 의식의 표면에 있는 생각보다 의식의 깊은 곳에 스며들어 있는 생각이 훨씬 더 힘을 많이 가지고 있다는 것입니다.

그러므로 그 사람이 표면의 마음으로 어떤 것을 간절하게 원해도 마음 깊은 곳의 생각이 그 반대의 것을 원하면 그는 도저히 겉의 생각대로 살수는 없습니다.

많은 그리스도인들이 겉의 생각으로는 하나님을 사랑하고 그의 말씀을 사랑하고 있는 것 같지만, 깊은 속의 생각으로는 자기를 사랑하고 세상을 사랑하고 죄악을 사랑하고 있기 때문에 승리의 삶을 살지 못하는 것입니다.

100m 높이의 널빤지 길 위에 있는 사람이 벌벌 떨지 않고 자기의 생각을 다스릴 수 있다면, 그의 두려움을 다스릴 수 있다면, 그는 당당하게 그 위에서 걸어갈 수 있을 것입니다.

나는 그러한 사람들을 보았습니다. 나는 언젠가 아직 완성이 되지 않은 빌라의 옥상에 올라가서 그 집을 구경하고 있었습니다. 그 빌라의 옆에도 같이 짓고 있는 다른 빌라 몇 동이 있었습니다.

그런데 옥상과 옥상이 널빤지로 연결되어 있는 것을 보았습니다. 그 널빤지는 폭이 60센티 정도 되는 것 같았습니다.

나는 내가 그 작은 널빤지로 그 높은 옥상에서 옆 건물로 이동하는 것을 상상할 수도 없었습니다. 아래를 보면 정말 어지러웠기 때문입니다. 그러나 인부들은 그 널빤지로 수시로 이동하고 있었습니다. 그들은 전혀 두려워하지 않았던 것입니다.

그들은 왜 두려워하지 않았을까요? 아마 그들도 처음에는 두려웠겠지요. 하지만 비슷한 일을 반복하면서 그들의 마음속에는 '이 정도는 하나도 두렵지 않아' 하는 생각이 심어졌을 것입니다. 마음속에 그러한 생각이 심어지게 되면 그들은 두려움의 생각을 다스릴 수 있으며 좁은 널빤지에서 평지처럼 움직일 수 있는 것입니다.

생각을 다스릴 수 있다면 우리는 자유인이 될 수 있습니다. 모든 갈등과 고통은 생각을 다스릴 수 없기 때문에 생기는 것입니다. 우리가 우리 속의 모든 생각들을 발견하고, 치유하며, 다스리고 마음대로 사용할 수 있다면 우리는 진정 자유로운 사람이 될 것입니다.

사도 바울이 로마서 7장에서 고통스러운 신음을 토한 것과 같이 우리는 원치 않는 행동을 하며 자신을 바꿀 수가 없어서 괴로워하고 좌절합니다. 그 모든 것들은 우리가 생각을 다스릴 수 없고 오히려 생각과 욕망의 지배를 받고 있기 때문입니다.

생각을 다스릴 수 있다면 우리는 자유인이며
생각을 다스릴 수 없다면 우리는 종이 될 것입니다.
우리는 생각을 다스려야 합니다.
생각을 알아야 합니다.
생각의 능력을, 생각의 성향을,
생각의 싸움을 이해해야 합니다.
우리가 얼마나 묶여있는지
해방의 감격은 얼마나 놀라운 것인지를
발견하고 경험해야합니다.
생각의 투쟁을 시작하십시오.
마음의 감옥에서 벗어나십시오.
투쟁하고 기도하고 공부한 만큼
우리는 자유를 경험하게 될 것입니다.

9. 생각은 목숨까지 좌우합니다

폐결핵으로 다 죽어가던 한 청년이 어떤 부흥회에 참석했습니다. 거기서 많은 은혜를 받고, 영적 충전을 얻고, 목사님의 기도까지 받은 후 그의 몸은 회복되었습니다. 병원에서는 가망이 없다고 했는데 그는 기적적으로 몸이 좋아졌던 것입니다. 숨도 쉬기 힘들고, 걷는 것도 어려웠던 그는 아주 가벼워진 몸으로 일상생활을 할 수 있게 되었습니다.

그는 보통 사람과 같이 평범하게 직장 생활을 하다가 3년이 지난 후에 갑자기 병원에 가보고 싶은 생각이 들었습니다. 자신의 몸이 완전히 나았다는 것을 의학적으로도 확인 받고 싶었던 것입니다. 그는 자신만만하게 병원에서 검진을 받았는데, 그가 접한 검진의 결과는 그에게 몹시 충격이 되는 것이었습니다. 의사는 그에게 말했습니다.

"당신은 지금 폐가 거의 없는 것이나 마찬 가지예요. 한쪽 폐는 아예 없어졌고, 다른 쪽도 거의 기능이 상실되어 있어요. 도대체 이 몸으로 어떻게 살아왔는지 모르겠군요."

만약 이 청년이 침착하고 편안한 사람이며 자신의 마음을 잘 관리하는 사람이었다면 별로 문제는 없었을 것입니다. 그랬다면 그는 이렇게 대답했겠지요.

"글쎄요. 저도 어떻게 살아왔는지 모르겠군요. 하나님의 손이 저를 붙잡고 있었으니까 살아있을 수 있었겠지요.

폐가 없다니 유감이네요. 하지만 여태까지 잘 살아왔으니까 앞으로도 괜찮겠지요. 이 세상에는 우리가 아직 모르는 것이 아주 많으니까요."

그랬다면 아마 별일이 없었을 것입니다. 그러나 그렇게 하는 대신에 청년은 너무나 충격을 받았습니다.

그는 생각했습니다. '세상에! 내가 폐가 없다니! 다 나은 줄 알았는데!'

집으로 돌아간 그 청년은 며칠 만에 죽고 말았습니다.

이것은 누군가에게 들었던 비극적인 이야기지만, 그러나 정도의 차이는 있으나 이러한 비슷한 사례를 겪은 이들도 적지 않은 것 같습니다.

현대의학에 대한, 의사들에 대한 사람들의 믿음은 거의 절대적이기 때문에 설사 의사가 오진을 했다고 해도 그것을 그대로 받아들이고 죽는 사람도 있을지 모릅니다.

현대의학이나 인류가 발전시키고 축적시킨 모든 지혜를 전부 다 무시할 수는 없습니다. 그러나 그것이 완전하고 절대적인 것은 아닙니다.

우리는 여전히 아직 모르고 있는 것이 아주 많이 있습니다. 그렇기 때문에 우리는 어떤 과거의 통계나 이론을 완전하게 신뢰할 필요는 없는 것입니다. 더구나 그것이 부정적인 의견이라면 더욱 더 그것을 받아들이는 것을 신중하게 생각해야 합니다.

그렇다고 해서 그것이 의사나 의학에 대해서 불경죄를 범하는 것은 아닐 것입니다. 몸이 건강하고 좋다고 느끼면 그것으로 충분한 것을, 사람들은 그것을 공인된 기관으로부터 확인 받고 싶어 합니다. 그런 곳에서 발급하는 서류나 도장이 자기의 건강과 생명을 보장해주거나 하는 것처럼 말입니다.

그러나 그런 서류나 증명서가 그 사람의 안전을 완전히 보장하지 않습니다. 반대로 어떤 사람이 비극적인 판정을 받았다고 해서 그것이 완전히 끝을 의미하는 것은 아닐 수도 있습니다.

이 시대의 사람들은 자꾸 눈으로 보고, 만지고 확인하려고 합니다. 믿더라도 보고 믿고 만지면서 믿으려고 합니다. 자기 안에 두려움과 불안한 생각이 가득 차 있을수록 사람들은 바깥에서 어떤 안심할 수 있는 증거를 찾으려고 노력합니다.

사람들은 자기의 내부에 두려움의 생각이 있을 때 바깥의 도움을 의지하려고 하지만 그것은 그들에게 별 도움이 되지 않습니다. 문제는 항상 내부에 있습니다.

자신의 안에 있는 두려움을 다스리지 못하고 바깥의 위안을 얻으려는 사람은 환경과 다른 사람의 말에 끌려 다니는 노예가 될 수밖에 없습니다.

이 청년은 결국 타인의 말에 의해서 그의 목숨을 잃어버렸습니다. 다른 이의 말을 듣고 두려움의 생각을 받아들였기 때문에 믿음과 은총에 의해서 유지되던 그의 몸과 마음이 파괴되었던 것입니다.

우리는 건강과 행복을 지키기 위하여 먼저 자신의 마음과 생각을 지켜야 합니다. 그것이 진정한 안전입니다. 귀가 얇아서 남의 말에 영향을 많이 받는 사람은 일생동안 노예로서 살게 될 것입니다.

　오직 마음을 강하게 하고 하나님의 사랑과 돌보심을 믿으며 당신의 생각을 굳게 지키십시오. 좋지 않은 말과 생각을 무시하는 것을 배우십시오. 그것이 자유함으로 가는 시작인 것입니다.

10. 생각은 에너지입니다

생각은 단순한 하나의 관념이 아닙니다. 그것은 하나의 에너지입니다. 그것은 실재하는 힘입니다. 어떤 사람이 생각을 하고 있을 때 그는 힘을 사용하고 있는 것입니다.

이 에너지의 종류는 에너지의 성격에 따라 두 가지로 나눌 수 있습니다. 그 하나는 건설적인 에너지이며, 다른 하나는 파괴적인 에너지입니다.

빛의 생각들, 밝은 생각들은 건설적인 에너지를 생산합니다. 평화로운 생각, 감사하는 생각, 기뻐하는 마음 등은 몸과 마음을 부드럽고 자연스럽고 행복하게 만들어 줍니다.

두려움의 생각, 분노의 생각, 질투, 미움, 원망 등은 파괴의 에너지를 발산합니다. 그러한 생각을 하는 그 순간부터 파괴 에너지는 그 사람의 안에서 움직이기 시작하며 그 사람 자신을 파괴하는 작업을 시작하는 것입니다.

생각은 영계의 에너지이며 그것은 물질세계를 지배하므로 부정적인 에너지는 자신의 몸에 각종 질병을 일으킬 수 있으며, 면역 체계를 파괴할 수도 있고, 각종 사고를 일으킬 수도 있으며 다른 사람을 움직여서 자신을 학대하도록 끌어당길 수도 있습니다.

하나님께서 창조하신 이 우주에서 일어나는 일에는 결코 우연이 없으며 한 치의 오차도 없이 어떤 질서와 원리를 통하여 움직여 가는 것입니다. 그러므로 우리는 생명의 근원을 만들어 가는 이 생각 에너지들을 잘 관리하고 조절하지 않으면 안 됩니다.

각종 재앙과 고통을 겪고 싶지 않다면 절대로 원망을 하지 마십시오. 절대로 남을 비난하지 마십시오.

어떠한 일이 있어도 남을 미워하지 마십시오. 다른 사람이 당신에게 어떤 나쁜 일을 했더라도 거기에 대하여 증오를 품지 마십시오. 그러한 것들은 재앙 에너지가 되어 당신에게 작용하게 됩니다. 이미 억울한 일을 겪었는데, 나쁜 생각을 가짐으로써 재앙 에너지를 또 다시 끌어당긴다면 이는 더 억울한 일이 아니겠습니까?

우리에게 주어진 짧은 인생을 살면서 당신의 영혼이 진보되고 행복한 삶을 살 수 있도록 당신의 생각을 훈련하십시오.

감사하고 즐거워하며 당신이 하고 있는 일을, 당신이 만나고 있는 사람과의 관계를 소중히 여기고 즐기십시오.

행복은 결코 먼 곳에 있지 않습니다. 당신의 생각 에너지를 창조적인 에너지로 바꾸십시오. 자주 하나님께 예배를 드리며 그 분께서 생명을 주신 것을 기뻐하십시오.

사랑할 수 있는 기회를 얻은 것을 기뻐하십시오. 당신의 생각 에너지가 순결하고 아름답게 될수록 당신은 행복에 가까워지게 됩니다. 천국적인 삶, 그것은 결코 멀리 있지 않습니다.

11. 생각 에너지는 외부로 발사됩니다

주님께서는 마태복음 10장에서 제자들을 복음 전파를 위하여 파송하시면서 이렇게 말씀하셨습니다.

"아무 성이나 촌에 들어가든지 그 중에 합당한 자를 찾아내어 너희 떠나기까지 거기서 머물라. 또 그 집에 들어가면서 평안하기를 빌라. 그 집이 이에 합당하면 너희 빈 평안이 거기 임할 것이요 만일 합당치 아니하면 그 평안이 너희에게 돌아올 것이니라" (마10:11-13)

이 말씀은 몇 가지의 영적인 원리를 보여줍니다. 제자들은 그들을 영접하는 어떤 집에 들어가든지 그 집이 평안하도록 축복을 해야 하는데, 그것은 그저 단순한 인사가 아니라 실질적인 평안이 임하도록 작동하는 하나의 힘이라는 것입니다.

사역자들이 주님의 이름으로 어느 집에 가서 '오, 주님. 이곳에 당신의 임재와 당신의 평안이 임하시기를 원합니다.' 라고 기원했을 때 실제로 주님께서 그곳에 임하실 수 있으며 그가 빈 평안이 그곳에 올 수 있다는 것입니다.

물론 이러한 권리는 사역자들에게만 주어지는 것은 아닙니다. 각자의 믿음, 영적 발전 상태에 따라 모든 사람은 어느 정도의 생각 에너지를 갖고 있으며 그 믿음과 생각의 수준에 따라 그들의 시인과 선포는 이루어지는 것입니다.

그러나 이 축복의 이루어짐에는 조건이 따릅니다. 그것은 어떤 사역자나 개인이 상대를 위하여 아무리 평안을 빌고, 복을 빌어도 그 상대방의 영적 상태가 그것을 받을 수 있는 합당한 상태가 아니라면 그에게는 그러한 복이 올 수 없다는 것입니다.

평안, 사랑, 기쁨과 같은 것은 고유한 성질을 가지고 있어서 비슷한 종류끼리 서로 모이는 성질이 있습니다. 평안은 평안끼리, 기쁨은 기쁨끼리, 미움은 미움끼리 분노는 분노끼리 같이 모이는 성질이 있습니다.

그렇기 때문에 다른 사람을 미워하고 있는 사람에게는 아무리 평안을 빌어도 평안의 에너지, 평안의 기운이 그 사람에게 가까이 갈 수가 없는 것입니다. 그가 가지고 있는 미움과 분노가 평안의 성질과 서로 조화되지 않고 부딪치기 때문입니다. 그러므로 그런 상태에서는 평안을 빌어도 상대방에게 평안이 가지 않으며 축복을 빈 본인에게 다시 돌아오게 되는 것입니다.

이 원리는 다른 측면으로도 이해할 수 있습니다. 어떤 사람이 상대를 향하여 그의 앞에서든, 뒤에서든 험담과 비방을 할 때 상대의 속에 나쁜 기운이 들어갈 곳이 많으며, 그가 그와 같은 저주를 받기에 합당한 사람이라면 그 저주가 그에게로 갈 것입니다. 그러나 그렇지 않고 상대방이 마음에 사랑과 기쁨과 평화를 유지하고 있는 사람이라면, 상대방에게 보냈던 그 악한 에너지는 오히려 자신을 향하여 작동하게 되는 것입니다.

이와 같이 축복이나 저주를 하는 행위는 단순한 말이나 형식이 아니며 실제적으로 역사하는 힘인 것입니다. 마찬가지로 생각도 단순한 말이나 개념이 아니며 실재하는 힘입니다.

우리가 평소에 하는 생각들이 엄청난 능력이 있는 것이며 복과 재앙을 동반할 수 있는 실제적인 힘을 가지고 있다는 것을 충분히 이해한다면 우리는 생각을 매우 주의하게 될 것이며 사람들이 없는 곳에서도 말과 행동과 생각을 조심하게 될 것입니다.

부디 기억하십시오. 생각은 하나의 힘이며, 하나의 인격이며, 그 사람의 안에서도 영향을 끼치며 밖을 향해서도 발사되고 영향을 행사합니다.

당신의 생각을 함부로 표현하지 말며 즉시로 이루어지지 않는다고 그것을 무시하지 마십시오. 생각은 하나의 씨앗과 같아서 본인이 그것을 뿌린 사실을 기억하던, 못하던 언젠가 때가 되면 씨앗은 반드시 결실을 내게 되는 것입니다.

잡초는 훨씬 잘 자란다는 것을 기억하십시오. 그러므로 당신은 잡초와 같이 악하고 어두운 생각을 조심해야 합니다.

오직 주님을 바라보고 말씀을 묵상하여 그 말씀의 아름다운 기운이 당신의 영혼을 사로잡게 하십시오. 그리하여 당신 안에 형성된 아름다운 사랑의 전파, 친절함과 부드러움의 에너지를 당신 주변의 사람들에게 조용히 발산하십시오.

당신이 생각의 감옥에서 벗어나고 마음의 천국을 경험하게 될 때 당신이 느끼고 경험하고 있는 천국의 기쁨과 행복은 주변 사람들에게 따사로운 햇살처럼 영향을 주게 될 것입니다.

2부
생각의 원리

생각은 외부에서 우리 안에 들어오는 것이며
그 흐름은 일정한 법칙 속에서 움직입니다.
많은 사람들이 생각의 감옥 속에 갇혀있고 고통받는 것도
이 생각의 원리를 잘 이해하지 못하고 있기 때문입니다.
그 원리를 하나하나 발견하여 나갈 때
우리는 좀 더 자유로워지게 될 것입니다.

12. 생각은 컴퓨터의 입력장치와 같습니다

사람의 마음과 몸은 컴퓨터와 같이 정확하게 움직입니다. 컴퓨터에 입력을 잘못 시키면 컴퓨터는 정확하게 입력한 것을 내보냅니다. 컴퓨터가 잘못된 것을 나타냈다고 그에게 책임을 물을 수는 없을 것입니다. 왜냐하면 그는 입력된 것을 그대로 내보내기 때문입니다.

사람의 몸도 마찬가지입니다. 사람의 마음에 악한 생각이나 정보가 입력되면 사람의 몸은 고통을 받습니다. 그러나 그것은 자신이 나쁜 생각이라는 자료를 입력해서 그렇게 된 것이기 때문에 우리는 아무에게도 책임을 물을 수 없는 것입니다.

고통 받는 것이 싫다면 우리는 악한 생각을 해서는 안 됩니다. 각종 암이나 심장병, 고혈압, 불면증, 불안, 정신병, 노이로제, 화병 등 온갖 고통을 겪기 싫다면 그는 자신의 생각을 조절해야 합니다.

용서하는 것을 싫어하고 지속적으로 마음속에 분노를 품으며 두려움을 받아들이고 불평과 원망을 하는 사람들이 건강하기를 기대하며 평안을 원한다면 그것은 어리석은 일입니다. 그것은 모순된 것이며 가능하지 않은 일입니다.

사랑하는 마음, 용서하는 마음, 감사하는 마음, 넓은 아량으로 상대방을 불쌍하게 여기는 마음은 우리의 몸과 마음을 아름답고 건강하고 풍성하게 합니다. 그러나 증오와 탐심, 분노 등은 우리 자신을 해롭게 하며 파괴하는 것입니다.

사람이 악한 생각을 하는 데에는 다 이유가 있을 것입니다. 아무도 이유 없이 나쁜 생각을 받아들이지는 않을 것입니다. 억울하고 기가 막힌 일, 버림받음, 오해, 배반 등 많은 고통스러운 일들, 이유들이 있었을 것입니다.

그러나 그 이유가 무엇이든지 간에 당신의 컴퓨터는 냉정합니다. 분노를 심으면 심장이 두근거림을, 용서치 않음을 심으면 불안과 긴장을, 원망을 심으면 각종 고통과 질병을 그대로 당신에게 돌려주는 것입니다.

그 원인제공자가 누구 때문이라는 것은 아무런 소용이 없습니다. 결과적으로 망가지고 파괴되는 것은 자신이기 때문입니다.

사람들은 괴로운 일을 당했을 때 자신들이 분노하고 억울해하는 반응을 보이는 것이 잘못된 생각이라고 여기지 않을 것입니다. 그러나 당신의 안에서 작동하는 컴퓨터는 융통성이 없고 철저합니다. 그는 입력된 대로 묵묵히 자신의 일을 할 뿐인 것입니다. 파괴든 건설이든 주어지는 대로 말입니다.

당신이 억울하다고 해서 그것에 대해서 분노하고 억울해한다면 당신의 그러한 생각들은 당신의 상황을 개선하기는커녕 오히려 더 깊은 수렁으로 당신을 빠뜨릴 것입니다. 당신의 생각이 상황 자체보다 더 심하게 당신을 고통스럽게 할 수 있는 것입니다.

당신이 건강과 행복을 원한다면 부디 당신의 생각을 지키십시오. 당신의 마음이라는 컴퓨터에 부디 좋은 것을 입력하십시오. 당신의 가지고 있는 내면의 컴퓨터는 무엇이 옳은가, 그른가를 판정하지 않으며 오직 그 생각이 밝은가, 어두운가, 사랑의 마음인가, 미움의 마음인가를 판정한다는 사실을 기억해두십시오.

당신의 컴퓨터에 사랑과 빛의 생각이 가득하게 입력되게 하십시오. 그렇게 할 때 당신은 많은 고통에서 벗어나 입력된 대로 점점 더 많은 사랑과 빛의 열매들을 생산할 수 있게 될 것입니다.

13. 생각은 살며시 들어와
   그 사람의 인생을 지배합니다

생각은 밤손님과 같습니다. 그들은 밖에 있을 때는 영향력을 행사하지 못합니다. 그들은 살며시 들어옵니다. 주인이 잠을 잘 때, 그들을 인식하지 못할 때 살며시 들어옵니다. 그러나 일단 들어오면 그들은 그 사람의 인생을 지배합니다.

이스라엘 백성은 애굽에서 오랫동안 거하면서 패배의식이 생겼습니다. 그리하여 그들은 약속의 땅 가나안에서 그 땅의 족속들을 보고 두려워하여 자신을 메뚜기와 같다고 생각했습니다. 그들은 메뚜기가 아니었고 하나님의 택한 백성이었지만, 그들은 자신을 메뚜기로 생각했던 것입니다.

하나님께서 그들에게 가나안땅을 주시기 원하셨지만 그들은 자신이 메뚜기라는 의식을 가지고 있었기 때문에 광야에서 다 죽고 말았습니다. 그들은 애굽에서 살면서 자기도 모르게 스며들어온 그 부정적인 의식과 패배의식 때문에 그들의 삶을 망치게 되었던 것입니다.

'첫 손님으로 여자를 태우면 재수가 없다'고 생각하는 택시기사님들이 더러 있다는 말을 들었습니다. 어떤 이가 만일 그러한 의식에 잡혀 있다면 그들의 생각대로 행복하지 않은 하루를 보내게 될 것입니다. 여자 손님 때문이 아니라 자신의 어두운 생각이 그러한 하루를 창조할 것입니다.

자신을 매우 무능하고 되는 일이 없는 불행한 사람으로 생각하는 이들도 있습니다. 차를 몰게 되면 자동차 사고를 낼 것 같다고 생각하는 이들도 있으며 결혼을 하면 결혼생활이 불행해 질 것 같다고 생각하는 이들도 있습니다.

그러한 생각들은 도대체 어디서, 언제 그들의 안에 살며시 들어온 것일까요? 아무튼 그 출처가 어디이던 간에 그들은 자신의 생각 때문에 일생을 비참하게 보낼 수밖에 없는 것입니다.

사탄은 가룟 유다에게 예수를 팔 생각을 넣어 주었습니다.(요 13:2) 사탄은 아주 그럴듯하게 살며시 그에게 들어왔습니다. 가룟 유다가 그 생각을 받아들인 결과는 바로 파멸이었습니다.

오늘날 얼마나 많은 사람들이 TV와 신문을 보면서 좋지 않은 소문, 이야기들을 듣고 그것을 받아들이며 두려워하고 고통을 당하고 있는지요. 생각은 눈치 채지 못하게 살그머니 들어옵니다. 사탄은 사람들에게 두려움, 분노, 낙심, 좌절, 이기심, 미움 등을 끊임없이 심어줍니다. 영의 전쟁은 곧 생각의 전쟁이며 악한 생각은 스파이처럼 우리의 진에 살며시 침투하여 우리에게 치명적인 나쁜 결과를 가져오게 하는 것입니다.

우리는 외부에서 들어오는 생각에 대하여, 그 출처와 근원에 대하여 부디 깨어있어야 합니다. 어느 사이에 살며시 들어오는 악한 생각들, 그것들을 분별하고 깨어있을 때 우리는 많은 재앙과 고통에서 벗어날 수 있게 될 것입니다.

14. 생각이 쌓이면 욕망이 됩니다

엘리야가 갈멜산 꼭대기에서 하나님께 비를 달라고 기도했을 때 처음에는 손바닥만 한 작은 구름이 일어났을 뿐이었습니다. 그러나 그 조그마한 구름은 얼마 되지 않아 하늘을 캄캄하게 뒤덮고 큰비를 내렸습니다. (왕상 18:44,45)

생각은 이와 같이 처음에는 아주 작은 상념의 형태로 사람의 뇌에 수신됩니다. 그러나 그것은 사람의 안에서 점점 커지며 마침내는 그의 영혼 전체를 사로잡는 감정, 욕구, 열정으로 바뀔 수도 있는 것입니다.

영화나 소설을 보면 이성을 보고 첫눈에 반해버리는 이야기가 많이 나옵니다. 그러나 그것은 어디까지나 영화나 소설의 이야기이고, 현실적으로 사람의 감정은 그렇게 순식간에 불타오르지 않습니다.

처음에 상대방을 보았을 때는 약간의 호감을 느끼는 정도가 보통입니다. 그러나 그 후에 계속적인 만남을 가지고 대화를 통하여 공감대를 형성하고 여러 경험들을 같이 나누며 차츰 서로에 대한 애정의 느낌이 발전하게 됩니다. 그래서 나중에는 그 감정과 느낌이 마음 속 깊은 곳까지 들어와 그를 지배하게 되는 것입니다.

일단 상대방의 기운이 내 속에 자리를 잡으면, 그가 좋은 사람이든, 나쁜 사람이든 상관없이 그를 원하고 그리워하게 되며 그가 없이는 견디기가 어렵게 됩니다. 그 때는 이미 상대방에 대하여 객관적인 판단을 하는 것이 어려워지는 것입니다. 왜냐하면 이미 상대방의 에너지가 내 안에 들어왔고, 자신은 이미 그 에너지에 익숙해졌으며 그 에너지는 자신의 일부가 되었기 때문입니다. 설사 그 애정에 대한 판단과 감정이 바르지 않은 것이라고 해도, 그것을 머리로는 이해한다 해도 일단 가슴을 차지하게 되면 그 감정과 그 에너지의 지배를 받을 수밖에 없는 것입니다.

부디 이것을 기억하십시오. 생각은 시간이 흐르면 감정이 되며 욕망이 됩니다. 그리하여 그것은 당신을 지배하려할 것입니다. 처음에 당신은 생각을 선택할 수 있지만 나중에는 그 생각이 당신을 지배하게 될 것입니다.

생각이 욕구가 되기 전에, 생각이 아직 머리에 있을 때에, 생각이 아직 가슴까지 내려오기 전에, 아직 객관적인 사고가 가능할 때에 충분히 생각하십시오.

당신의 심령을 함부로 빼앗기지 마십시오. 이 생각이 욕망이 되어 당신을 사로잡아도 좋은지 생각하고 기도하여 분별력을 구하십시오.

생각이 욕망이 되기 전에 오직 바른 소원, 바른 갈망을 품으십시오. 이것이 당신의 영혼을 안전하게 할 것입니다.

15. 부정적인 감정을
당신 안에 허용하지 마십시오

 어떤 아주머니가 슈퍼에 갔습니다. 그녀는 우유 한 개만이 필요했기 때문에 그것만 사서 계산대로 왔습니다. 계산대에는 이미 많은 아주머니들이 줄을 서 있습니다. 그들은 하나같이 바구니 안에 계산 할 물건을 가득 쌓아두고 있었습니다.
 그녀는 겨우 우유 하나만 계산하면 되니까, 다른 분들이 살짝 양보할 수도 있을 텐데 아무도 양보를 하지 않습니다. 그녀가 만일 감정표현이 자연스러운 사람이라면 앞의 사람에게 애교스럽게 살짝 웃으면서 '죄송하지만 요것뿐이니까, 제가 먼저 해도 될까요?' 하고 인사한 후 먼저 계산하고 나올 수 있었겠지요.
 하지만 그녀는 몹시 내성적인 편이어서 모르는 사람에게 그렇게 말을 하는 것이 어렵습니다. 속이 상하지만 그녀는 꾹 참고 기다립니다.
 간신히 그녀의 차례가 되었는데, 이번에는 갑자기 다른 아주머니가 끼어들어 바구니를 계산대 위에 올려놓습니다.
 그녀는 기가 막히는데, 카운터의 아가씨는 아무 말 없이 계산할 뿐입니다. 그녀는 이의를 제기하지 않았지만 속으로는 몹시 기분이 상했습니다.

그녀는 마음이 상한 상태로 집에 들어옵니다. 집에 오니 방이 몹시 어질러져 있습니다. 그녀는 딸에게 소리를 지릅니다.

"집안 꼴이 도대체 이게 뭐니! 좀 깨끗하게 하고 놀 수 없어?"

아이는 짜증을 냅니다.

"엄마는 왜 오자마자 소리를 지르고 난리야? 나 지금 방금 들어왔단 말이야."

세상에는 불쾌한 일이 자주 생깁니다. 그러나 이 아주머니처럼 그렇게 불쾌한 감정을 쉽게 받아들이는 것이 당연한 일일까요? 세상은 불친절한 사람, 무례한 사람, 경우가 없는 사람들이 아주 많이 있지만, 그들 때문에 우리의 마음을 상하게 할 이유는 없는 것입니다.

불쾌한 마음을 품는 것은 독약을 먹는 것과 같은 것입니다. 독약을 먹는 것이 몸에 나쁘다는 것을 안다면 나쁜 감정을 당연하게 받아들이지는 않겠지요. 다른 사람이 양보하지 않거나 새치기를 한 것은 잘못이지만, 그보다 더 나쁜 것은 그로 인하여 불쾌한 마음을 담는 것입니다.

그저 이렇게 생각할 수도 있는 것입니다.

'아, 저분은 몹시 바쁜 모양이구나!'

'오, 하나님께서 내게 인내훈련을 시키는 구나.'

'내가 이 상황에서 평안과 여유를 얻을 수 있다면, 나는 많은 사람들을 섬길 수 있을 거야.'

'나도 이와 같이 남을 배려하지 않았었던 적이 있었는지도 몰라.'

'이 경험은 반드시 내게 필요하기 때문에 하나님이 허락하신 것이야.'

아무튼 어떤 식으로 해석하든, 중요한 것은 이 상황을 긍정적으로 인식하는 것이며 악하고 불쾌한 감정과 에너지가 내 안에 들어오지 않게 해야 하는 것입니다.

다른 사람의 잘못 때문에 자신의 생각과 영혼을 망치는 것은 어리석은 일입니다. 어떤 불쾌한 상황이 닥친다고 해도 그것을 새로운 각도에서 긍정적으로 해석하고 적용해야 합니다. 그렇게 해서 부정적인 감정이 내 안에 들어오지 않도록 자신의 마음을 잘 지키는 것이 곧 자신의 영혼과 가정의 행복을 지키는 일인 것입니다.

16. 당신은 정죄할 자격이 없습니다

　이 세상은 학벌이나 재산, 용모 따위로 사람을 분류하지만, 영의 세계에서는 오직 그 사람의 영적 성장 수준에 따라 분류할 뿐입니다.
　영혼이 성장할수록 사람들은 이기심이 없어지고 다른 사람을 사랑하고 섬기고 싶어 하며 아름다워 집니다. 그리하여 그들은 천국적인 사회를 형성하게 됩니다. 영혼이 어릴수록 그들은 이기적이고 탐욕적이며 영적인 것의 가치를 거의 이해하지 못하고 물질중심이며, 남을 배려하지 못합니다. 그러므로 그들이 있는 곳은 항상 약육강식의 사회가 형성되며 억압과 지배, 전쟁, 경쟁이 있는 지옥적인 사회가 이루어집니다.
　현대사회는 물질적으로는 발전해 가지만, 영적으로는 점점 퇴행되어 가고 있습니다. 그래서 육적으로는 풍요하지만 정신적으로는 점점 더 공허하고 괴로워지고 있습니다.
　이 시대는 도처에 영적인 어린이들로 가득합니다. 그렇기 때문에 오늘날의 세상이 점점 더 피곤하고 살기가 힘들어지는 것입니다.
　영적으로 어린 사람들은 교만하고 이기적이며 무례하고 탐욕적이며 각종 육적인 삶의 열매를 보여줍니다. 그러나 이와 같이 어린 영혼들이라고 해서 정죄의 대상이 될 수는 없습니다. 다른 사람들이 어리다고 해서 우리가 그들을 정죄할 권리가 있는 것은 아닙니다.

만일 그들의 어림으로 인해서 당신이 상처를 받는다면, 그것은 당신도 그들과 비슷한 연령의 수준에 있는 것을 보여주는 것입니다.

어린이들은 서로 인형이나 장난감 차를 가지고 싸우지만 어른들은 그들과 같이 싸우지 않습니다. 오히려 그들을 돌보고, 사랑해주고 보호해 줄뿐입니다. 그러므로 당신이 그들과 같이 부딪치고 싸우며 그들을 미워하고 판단한다면 당신은 어른이 아니라 그들과 비슷한 수준의 어린이인 것입니다.

우리는 어떤 사람이 이기적이고 교만하고 교활하다고 해서 그들을 미워해서는 안 됩니다. 이 세상에서 절대적으로 악하거나 절대적으로 선한 사람은 없습니다. 모두 다 어느 정도 악하고 어느 정도 선합니다.

아주 선해 보이는 사람도 마음속에는 어느 정도의 악을 가지고 있으며 아주 악해 보이는 사람도 그 가슴 속에 어느 정도의 친절과 애정을 가지고 있는 것입니다. 그러므로 우리는 어떤 사람을 절대적으로 악인으로 판정하여 거리를 두고, 어떤 사람은 선한 사람으로 여겨서 완전히 신뢰하고.. 하는 식으로 대할 수 없는 것입니다.

그들은 악하기보다는 다만 어릴 뿐입니다. 그들은 정죄와 심판이 필요한 것이 아니라 좀 더 자라야 하는 것입니다.

모든 사람은 몸과 함께 정신이 자라고 영이 자랍니다. 우리는 모두 성장하는 과정에 있습니다. 고통과 실패를 통해서 반성하고 성장해 갑니다. 그러므로 우리나 어떤 사람이 아직 어린아이에 속하며 많은 잘못과 악을 가지고 있을 지라도 우리는 세월이 흐르면 좀 더 성장한 사람이 될 수 있을 것입니다.

그러므로 어떤 사람도 정죄하지 마십시오.

우리에게는 그러한 권리가 없습니다.

그 사람의 현재의 모습을 보고 함부로 판단하지 마십시오.

당신에게 큰 해를 입힌 사람도 결코 미워하지 마십시오.

그러한 미움이나 판단은 당신 자신의 성장에도, 상대방의 성장에도, 아무런 도움이 되지 않기 때문입니다.

그 사람이 우리를 깨우치기 위하여 하나님이 사용하시는 그릇일 수도 있습니다. 우리는 시간이 지난 후에 그를 통하여 크게 감사하게 될지도 모릅니다.

어린이는 정죄의 대상이 아니라 사랑과 이해의 대상입니다. 그러므로 다른 이들이 어리다는 이유 때문에 정죄를 해서는 안 됩니다.

모든 사람은 하나님의 도구입니다.

모든 사람을 하나님의 사람으로 받아들일 때, 우리는 그들에게 상처를 받지 않게 될 것입니다. 그리고 그를 받아들일 수 있게 되며 함께 성장하여 나갈 수 있게 될 것입니다.

17. 우리에게는 선택권이 있습니다

　사람들은 실연을 당하거나 친구에게 배신을 당하게 되면 분노하거나 좌절하는 것이 당연하다고 생각합니다. 잘 나가고 있던 사업이 갑자기 상황이 나빠져서 망하게 되거나, 은혜를 끼쳤던 사람이 은혜를 원수로 갚는다면 낙심하거나 배신감으로 치를 떠는 것이 마땅하다고 생각합니다.
　아주 가난하고 어려운 가정환경에서 자라거나 미움과 학대 속에서 자라나면 우울하고 비참한 마음상태로 살아가는 것이 당연하다고 생각합니다. 무례한 사람을 만나면 분노하는 것이 당연하다고 생각합니다.
　그렇게 우리를 둘러싼 환경이나 상황이 나쁠 때에 우리가 부정적인 반응을 가지는 것이 당연한 일이라고 생각합니다. 그러나 그것은 옳은 생각이 아닙니다.
　물론 환경의 영향력은 결코 적지는 않습니다. 그러나 그럼에도 불구하고 우리는 하나님이 허락하신 자유의지를 가지고 있습니다. 우리는 우리의 생각과 반응을 선택할 수 있는 것입니다.
　우리는 우리의 삶을 선택할 수 있습니다. 우리는 우리의 사고방식과 감정을 선택할 수 있습니다. 우리에게 고통을 준 사람을 도저히 용서할 수 없다고 되뇌이면서 고통을 받으며 살아갈 수도 있지만, 또한 그를 통하여 넓은 마음과 사랑을 배워갈 수도 있습니다. 낙심하고 자신을 파멸과 죽음으로 던질 수도 있지만, 오히려 그것을 극복함으로 더 아름다운 사람이 될 수도 있습니다. 그것은 우리의 선택에 달려있는 것입니다.

우리는 어떤 상황이든지 평화를 선택할 수 있습니다. 우리는 어떤 상황이든지 사랑을 선택할 수 있습니다. 그것은 몹시 힘들어 보이지만, 그렇게 습관을 들이다 보면 나중에는 그것에 익숙해지게 되며 오히려 미워하고 분노하는 것이 어려워지게 됩니다.

하나님께서 사람을 하나님의 형상으로, 빛의 존재로 만드셨기 때문에 빛의 속성과 반대되는 미움, 분노, 낙심, 두려움 같은 감정을 우리가 받아들이는 순간부터 우리는 그러한 것으로부터 고통을 느끼게 됩니다. 그러나 사랑과 평안, 감사와 같은 감정은 상황을 초월하는 기쁨과 즐거움을 우리에게 주는 것입니다.

우리가 날마다 모든 여건에서 빛을 선택해야 합니다.

그렇게 할 때 조금씩 우리는 빛으로 가까이 나아가게 되며 빛은 우리의 성향이 되어가게 됩니다. 점차로 우리는 빛의 사람이 되어 어떤 상황에서든 빛의 사고방식, 빛의 감정으로 살아갈 수 있게 되는 것입니다.

부디 당신의 상황에서 빛에 속한 생각을 선택하십시오. 평화로움을 선택하십시오. 불쾌한 일이 생긴다고 하더라도, 여전히 평화로운 마음을 선택하십시오. 이 마음의 투쟁에서 승리할 수 있을 때 우리는 비로소 인생에서 승리할 수 있게 될 것입니다.

18. 생각은 사라지지 않고
   깊은 곳으로 가라앉습니다

　호수의 수면에 돌을 던지면, 그 돌은 바깥에는 보이지 않지만 그 돌은 사라지지 않고 호수 밑바닥에 가라앉게 됩니다. 마찬가지로 마음속에 떠오른 생각은 시간의 흐름에 따라 마음의 깊은 곳에 가라앉게 됩니다.
　호수의 밑바닥에 가라앉은 돌은 그 밑바닥에 가만히 있을 뿐이지만 마음속에 가라앉은 생각은 그대로 머물러 있지 않습니다. 그 생각은 작은 물방울이 속에서 뽀글뽀글 올라오는 것과 같이 언젠가는 밖으로 다시 올라옵니다.
　마음속에 던져놓은 생각의 파장과 비슷한 상황이 되면 잊고 있었던 가라앉은 그 상념은 갑자기 강력한 힘이 되어 바깥으로 올라와서 표면에 나타나는 것입니다.
　사람들은 자신들의 의식에서 생각이 사라지면 그 생각이 없어진 것으로 생각합니다. 그러나 이 우주 안에서 스스로 사라지는 것은 없습니다. 그것은 다른 형태로 존재할 뿐입니다. 생각도 결코 소멸되지 않습니다. 그것은 우리 안에 스며들어 존재의 깊은 곳으로 가라앉게 되는 것입니다.
　사람들의 마음의 바다 속에는 많은 쓰레기들이 던져져 있습니다. 그 쓰레기들이 언제 생겼는지, 어떠한 영향을 우리에게 끼쳐왔는지, 우리는 잘 모릅니다. 그러나 그 쓰레기와 같은 생각, 상념들이 우리들의 삶을 불행하게 만든다는 것은 분명한 사실입니다.

어떤 사람은 별 것 아닌 일에 몹시 화를 내고, 어떤 사람은 별 것 아닌 일에 몹시 두려워합니다. 어떤 이는 타인의 조그마한 비판에도 강력하게 자기 방어를 하며 어떤 이는 가벼운 농담에도 깊은 상처를 받습니다.

그 이유는 무엇일까요? 왜 다른 사람들은 아무 것도 아닌 것으로 여기는 것에 대해 어떤 사람들은 과잉 반응을 하는 것일까요? 그들은 특별하게 악한 사람이거나 어린 사람이기 때문일까요?

아닙니다. 그렇지 않습니다. 그것은 모두 그 사람의 마음 깊은 곳에 떨어져 있는 생각으로 인한 것입니다. 호수 밑바닥에 떨어진 돌멩이의 성분, 쓰레기의 성분이 그의 표면에 나타나서 영향을 주고 있는 것입니다.

우리가 알지 못하는 우리 안에 떨어진 돌멩이가 있습니다. 생각이 있습니다. 그것들은 우리가 인식하지 못할 때에도 우리 안에서 활동하고 있습니다. 그것은 우리를 계속 만들어 가며 우리의 이미지와 분위기에 영향을 끼칩니다.

우리는 자신의 속에 어떠한 생각, 어떠한 프로그램이 스며들어 있는지, 입력되어 있는지, 조사해 보아야 합니다. 우리 안에 있는 생각의 정보를 검색한 후에 지울 것은 지우고, 교정할 것은 교정하고, 새로 채워 넣을 것은 채워놓아서 호수 속의 성분을 바꾸고 우리 마음을 바꾸어야 하는 것입니다.

어떤 사람은 자신의 마음의 바다에 무엇이 입력되었는지는 파악하지도 않고 모든 고통의 원인을 바깥 환경 때문이라고 항변합니다. 그러나 환경은 결코 고통의 근본 원인이 아닙니다. 근원은 오직 그의 마음속에 떨어진 생각이며 그가 그 생각과 마음을 바꾸지 않는 한 그는 새롭게 될 수 없는 것입니다.

어떤 이들은 자신의 마음속에 들어가는 것을 두려워합니다. 그리하여 그들은 혼자 있거나 고요한 시간을 가지는 것을 피해서 자꾸 무엇인가 흥미로운 일을 찾아서 바깥으로 도망칩니다.

그러나 자기가 아무리 밖으로 도망치고, 그것을 인식하지 않는다고 하더라도 그 순간에도 여전히 쓰레기는 호수를 오염시키고 있는 것입니다.

한번 형성된 생각은 결코 스스로 사라지지 않습니다. 그것은 컴퓨터에 한번 들어온 바이러스가 시간이 지났다고 해서 스스로 소멸되지 않는 것과 같습니다. 그러므로 우리의 밑바닥에 떨어져 있는 생각을 검색하고 좋지 않은 것들은 구체적인 절차와 방법을 통하여 대치시키거나 삭제해야 합니다. 그러한 청소가 이루어질 때만 그 사람은 생각의 해악에서 벗어날 수 있게 되는 것입니다.

부디 당신 마음의 밑바닥에 떨어진 깊은 생각들을 분별하고 처리하십시오. 그것에 성공해서 당신이 마음의 밑바닥을 잘 청소할 수 있다면 당신은 새롭게 변화될 것이며 새롭게 창조된 인생을 살아갈 수 있게 될 것입니다.

19. 자신만이 자신에게 상처를 줄 수 있습니다

많은 사람들이 피해자 의식을 가지고 있습니다. '나는 상처받은 사람이다.' '나는 환경의 피해자다.' 그런 생각에 사로잡혀 있습니다. 그래서인지 '상처의 치유'에 대한 책들은 항상 인기가 있습니다. '상처의 치유 세미나'에는 항상 많은 사람들이 모여듭니다. 그들은 자신의 고통스러운 과거의 이야기를 쏟아놓으며 과거로 돌아가서 과거의 자신의 고통스러운 감정을 격렬하게 표출시키며 자신의 정서를 치유하려고 애를 씁니다.

이러한 치유의 효과는 풍성하고 아름다운 것입니다. 깊이 숨겨진 마음속 상처의 치유는 우리의 삶을 새롭게 해줍니다. 그러나 자칫 잘못하면 그것은 치유보다는 부작용을 일으킬 수도 있습니다.

조심해야할 하나의 문제는 이것입니다. 치유를 받는 사람이 자신을 환경의 피해자, 다른 사람에 의한 피해자로서 수동적인 존재로서만 느낀다면 그것은 원망이나 분노와 같은 감정을 일으킬 수 있습니다.

만약 어떤 이가 타인의 일방적인 잘못에 의하여 자신의 삶이 비참해졌다고 여긴다면 그는 상대방이 반성을 하기 전까지 그를 용서하기가 어려울 것입니다. 또한 그런 식으로 자신을 수동적인 존재로 여긴다면 그는 계속적으로 다른 사람의 태도나 행동에 의해서 자신의 삶이 지배되는 비참한 존재가 될 것입니다.

수동적인 자세는 좋지 않은 태도입니다. 사람이 환경이나 다른 사람에 의해서 일방적으로 피해를 입으며 삶이 결정된다는 것은 진리가 아닙니다. 우리는 우리의 삶을 얼마든지 바꿀 수 있습니다. 인간은 결코 환경이나 타인의 피해자가 아니며 피동적인 존재가 아닙니다.

사람은 자신의 생각과 감정을 결정하며 환경에 대하여 자신의 반응을 결정할 수 있는 능동적인 존재입니다. 내적인 치유는 우리의 고통스러운 과거로 돌아가서 자신의 능동적인 의지를 사용함으로 그 과거의 충격이나 상처에서 벗어날 수 있다는 사실을 보여주는 것입니다.

그러므로 진정한 의미에서, 타인이나 환경은 결코 우리에게 상처를 주지 못합니다. 오직 자신만이 자신에게 상처를 줄 수 있습니다. 오직 자신만이 자신을 불행하게 만들 수 있는 것입니다.

분노와 억울함, 낙심과 원망을 받아들이는 것은 자기 자신이지 결코 환경이나 타인이 아닙니다. 사탄은 끊임없이 우리에게 악한 생각과 감정을 넣어 주려고 애를 쓰지만, 그것을 받아들이는 것은 우리 자신이지 결코 환경이나 타인이 아닙니다.

원망을 받아들이는 사람은 일생동안 악한 영에게 시달리게 되며 어두움의 사람이 됩니다. 용서하지 않는, 미움과 복수의 영을 받아들이는 사람도 일생동안 악한 영에게 고통을 당하게 됩니다. 그러나 그것은 결코 타인이나 환경 때문이 아니며 악한 영들의 생각을 자신이 인정하고 자신의 일부로서 받아들였기 때문입니다. 그러므로 아무리 과거로 돌아가서 고통의 감정을 쏟아 부어도 자신의 책임을 인정하고 반성하지 않는 사람은 결코 치유되지 못합니다. 오히려 더 큰 원망과 분노의 지옥으로 떨어질 뿐입니다.

용서와 치유와 해방은 이와 같은 인식, 자신의 인생의 주인은 자기이며, 고통도 자신이 받아들이고 만든 것이며 치유와 해방도 자신이 선택하고 결정할 수 있다는 인식, 인생에 대한 자신의 결정권과 주도권에 대해서 분명히 깨닫게 될 때 가능한 것입니다.

우리가 어렸을 때, 우리 자신의 능력을 잘 알지 못했을 때 우리는 잘못된 판단을 내리고 잘못된 생각을 받아들였던 적이 많았을 것입니다. 이제 우리는 그러한 잘못된 생각과 판단들을 다시 새롭고 건강한 것으로 수정해야 합니다.

우리는 성인으로서, 하나님께서 창조하신 그의 형상을 소유하고 있는 건강한 사람으로서, 하나님께서 원하시는 건강하고 아름다운 새 삶을 창조할 수 있는 주도권을 지닌 사람으로서 우리의 생각들을 아름다운 것으로 바꿀 수 있습니다.

젊은 시절의 모세는 애굽의 왕자였으나 영적으로는 나약하고 두려움이 많은 사람이었습니다. 그러나 하나님의 임재를 경험한 이후 그는 변화되었습니다.

그는 다시 애굽으로 갔습니다. 애굽은 그에게 수치의 장소였습니다. 그는 바로 왕을 몹시 두려워했었습니다. 그러나 변화된 모세는 더 이상 바로를 두려워하지 않았습니다. 과거에 그가 두려워하고 놀라서 도망했던 그 자리에서 그는 당당하게 바로와 맞섰습니다. 그는 장성한 사람으로서 과거와 다른 태도를 보여 주었던 것입니다.

똑같은 애굽 땅, 동일한 권세와 능력을 가지고 있는 바로 왕이었지만 변화된 모세는 동일한 상황에서 전혀 다른 당당하고 권세 있는 행동을 취할 수 있었습니다.

우리도 모세와 같이 될 수 있습니다. 우리도 주님의 은혜와 권능을 체험하고 과거에 두려워했고 좌절했던 동일한 문제에 대해서 의연하고 당당하게 행동하고 생각할 수 있는 것입니다. 그것은 우리에게 달려있는 문제입니다.

지금 이 순간에도 많은 사람들이 자신을 스스로 피동적인 존재로 격하시켜 스스로 불행을 창조하고 있을 것입니다.

그들은 말하기를 '나는 그렇게 될 수밖에 없었다.'고 항변합니다. 그러나 그러한 변명 늘어놓기를 포기하고 우리는 변화된 시각을 가져야 합니다. 자신의 인생을 환경이나 타인의 결정에 맡겨두지 말고 스스로 건설해 나가야 합니다.

오직 자신만이 자신에게 상처를 줄 수 있습니다. 그렇기 때문에 오직 자신만이 자신의 상처를 치유할 수 있습니다. 사람들은 오직 자신의 결정에 의해서만 행복해 질 수 있는 것입니다.

우리가 원한다면 우리는 변화될 수 있습니다. 그리하여 누구나 자기의 결정에 의해서 풍성하고 자유로운 은총의 삶으로 나아갈 수 있을 것입니다.

20. 생각에게 사로잡히지 마십시오

 생각은 사람에게 주어진 가장 훌륭한 기능입니다. 생각은 사람의 가장 훌륭한 기능이며, 청지기입니다. 이 생각을 통해서 사람은 자신의 삶을 선택하고 자신을 만들어 갑니다. 그러나 그것은 자신이 생각을 컨트롤할 수 있을 때만이 가능한 것입니다.
 자신이 생각을 사용하는 것이 아니라 생각에 사로잡혀서 생각에 의하여 끌려 다닐 때 우리는 더 이상 우리의 주인이 아니라 노예의 위치로 전락하게 되는 것입니다.
 최초의 생각은 하나의 의견이며, 인상이며, 객관적인 논리이며 가벼운 취향이며 선택입니다. 그것의 주도권은 자신에게 있습니다. 그러나 생각이 우리 안에 들어와 뿌리를 내리고, 자리를 잡으면 그것은 감정이 되고 성향이 되며 욕구가 됩니다. 그것은 우리에게 이제 먹이를 줄 것을 요구하게 됩니다.
 술에 대한 생각은 우리에게 술을 요구하며 담배에 대한 생각은 우리에게 담배를 요구합니다. 드라마에 대한 생각은 우리에게 드라마를 볼 것을 요구합니다. 악하고 더러운 생각은 우리에게 악한 것과 더러운 것이나 행동을 요구합니다. 그러한 것들이 우리 안에서 욕망으로 변해버린 생각의 요구이며 먹이인 것입니다. 우리가 그에 응해서 먹이를 줄 때 그것은 점점 더 강한 욕구가 되어 자신을 지배하게 됩니다. 모든 중독들은 이러한 경로를 통하여 만들어지는 것입니다.

많은 사람들이 이와 같이 강력해진 생각, 욕구들에 사로잡혀서 종노릇을 하고 있습니다. 어떤 사람은 분노에 사로잡힙니다. 그는 속으로부터 올라오는 폭발을 제어하지 못합니다.

어떤 사람은 어떤 기호나 습관에 사로잡혀 있습니다. 정기적으로 어떤 충동이 올라오면 그는 그것의 노예가 되어 허겁지겁 그것을 하려고 합니다.

우리를 사로잡고 있는 생각, 열정이 아름답고 귀한 것이라면 그것은 별로 문제가 되지 않을 것입니다. 그러나 좋지 못한 악한 충동, 습관, 강한 관념이 우리를 사로잡는다면 그 해악은 아주 큰 것입니다.

우리는 생각의 힘이 아직 그리 크지 않을 때 조심스럽게 그 생각을 관찰해야 합니다. 그것을 계속 인정하고 받아들이며 먹이를 주기 전에 그것이 충분히 먹이를 주면서 키울 가치가 있는 것인지 생각해 보십시오.

할 수 있는 한 자신의 생각을 컨트롤하며 관리하십시오. 생각에게 사로잡히지 말고 생각을 사용하십시오. 우리는 생각의 노예가 아니라 생각의 주인이 되어야 합니다.

생각은 우리가 관리해야 할 하나님의 선물입니다. 그러므로 우리는 능동적으로 생각의 주체가 되어 바른 생각을 관리하고 지배할 수 있어야 할 것입니다.

21. 사람은 즐거운 것에 사로잡힙니다

어떤 것에 사로잡힌다는 것은 그 자체가 나쁜 것은 아닙니다. 문제는 자기를 사로잡고 있는 것이 좋은 것이냐, 나쁜 것이냐에 달려 있는 것입니다.

하나님의 사랑에 사로잡혀 있거나 말씀의 진리가운데 사로잡혀 있거나 섬기고 봉사하는 삶을 강렬히 열망하며 사로잡혀 있다면 그것은 좋은 일이며 문제가 없을 것입니다. 그러나 도박이나 술, 악한 상념이나 습관에 사로잡혀 있다면 그것은 몹시 비극적인 일이 될 것입니다.

사람들은 어떤 것에 사로잡히게 될까요? 그 해답은, 좋은 것이나 나쁜 것에 사로잡히는 것이 아니라, 자신에게 즐거움을 주는 것에 사로잡힌 다는 것입니다.

사람은 본능적으로 쾌락을 좋아합니다. 자기에게 고통을 주는 것을 좋아하는 사람은 없습니다. 성도가 고난과 십자가를 사랑하는 것은 학습된 것이며 진리의 경험과 자기의지로 선택한 결과이지, 원래부터 그러한 상태에 있는 사람은 없을 것입니다.

그러므로 어떤 것에서 즐거움을 맛보는 것은 곧 그것에 길들여지고 사로잡혀 가는 것을 의미합니다. 어떤 것에 즐거움을 느낄수록 그것은 그 사람을 사로잡게 되는 것입니다.

삼손은 이방 여인 들릴라를 사랑하면서 그것이 죄인 것을 잘 알고 있었습니다. 그러나 그녀와의 관계는 그에게 즐거움을 주었기 때문에 그는 그녀와의 관계를 끊을 수 없었습니다.

삼손이 가지고 있는 힘의 비밀을 알아내려는 그녀의 집념 때문에 그는 여러 번 위기를 겪었고, 심지어 죽을 정도로 마음이 괴로웠지만 그는 그녀를 버리지 못했습니다. (삿16:1-16) 그것은 그녀가 그에게 즐거움을 주었기 때문입니다.

다윗도 부하의 아내 밧세바에게 끌렸을 때 그것이 죄인 것을 알았지만 그녀의 매력 때문에 그는 죄의 쾌락에서 빠져 나올 수 없었습니다.

마찬가지로, 술도, 담배도, 도박도, 잘못된 관계도, 그것이 죄이며, 자신에게 해롭다는 것을 아무리 잘 알고 있다고 하더라도 그것에서 즐거움을 느끼고 있다면, 그것으로부터 위안을 받고 정신적인 도피처로 삼고 있다면, 그는 결코 그것으로부터 벗어날 수 없는 것입니다.

많은 사람들이 힘들 때, 지쳤을 때, 너무나 마음이 외롭고, 위로 받고 싶을 때, 자기에게 당장 힘이 되어 주는 것이면 무엇이든 쉽게 마음을 엽니다. 그리하여 그것이 자신의 영혼 속으로 들어오게 합니다.

그러나 무엇이든 공짜는 없습니다. 그러므로 어떤 사람이 자기가 묶여있는 증상에서 나오려면 그가 과거에 그것을 통하여 누린 즐거움보다 배 이상의 고통스러운 대가를 지불해야만 거기에서 벗어날 수 있는 것입니다.

삼손은 들릴라의 아름다움에 취했던 두 눈을 빼앗겼습니다. 다윗도 순간의 즐거움으로 가정의 파탄과 왕위의 상실, 수많은 백성들의 죽음 등 많은 대가를 지불하였습니다. 그들은 죄와 악에서 벗어나기 위하여 그들의 얻었던 즐거움보다 훨씬 더 무거운 대가를 지불하였던 것입니다.

오늘날 신앙생활을 하는 많은 사람들이 형식적이며 명목적인 신앙생활을 하는 이유는 신앙의 맛을 잘 모르기 때문입니다. 기도의 즐거움, 예배의 행복, 말씀과 진리의 기쁨을 별로 맛 본적이 없기 때문입니다.

그러한 이들은 말씀을 머리로만 이해하고 즐거움은 TV나 다른 것에서 찾습니다. 그러므로 명목상의 신앙생활을 할 뿐 세상의 영과 세상의 즐거움에 사로잡히며 거룩한 하나님의 영에 사로잡히지 못하는 것입니다.

바퀴벌레는 어두운 곳에서 안식을 느끼며 쥐는 더러운 음식을 좋아합니다. 그와 같이 사람이 어두움으로부터 즐거움을 취할 때 그는 바퀴벌레와 쥐와 같이 점차 어두움의 영에 익숙해지고 그 세력에 사로잡히며 어두움의 자녀가 되어 가는 것입니다.

그러한 사람은 아무리 명목상의 믿음을 가지고 있어도 그것이 그를 자유케 하거나 구원하지는 못할 것입니다. 현실에서 그를 구원하지 못하는 믿음이 영원에서 그를 구원할 수는 없는 것입니다.

진정한 자유를 위하여, 말초신경을 즐겁게 하는 쾌락들을 거절하십시오. 부디 진정한 행복, 영원히 소멸되지 않는 즐거움들을 사모하고 추구하십시오. 하나님의 임재에 사로잡히는 것을 추구하며 그 은혜와 영광의 세계에 사로잡히십시오.

당신이 그러한 즐거움에 점점 길들여질수록 당신은 점점 빛의 사람이 되어갈 것이며 진정한 천국의 사람, 자유의 사람으로 변화되어갈 것입니다.

22. 본질적이 아닌 것으로 씨름하지 마십시오

완벽주의적인 기질을 가진 한 청년이 있었습니다. 그는 모든 일에 대해서 정확하고 꼼꼼했습니다. 그는 매사에 대충 넘어가는 일이 없었고, 모든 일을 세밀하게 계획하고 움직였으며 그러한 계획들이 차질이 생기면 몹시 속이 상하곤 했습니다. 그는 물건을 사게 되면 항상 심사숙고를 한 후에 망설이다가 결정하였고, 어렵게 물건을 선택한 후에도 항상 그 물건이 마음에 들지 않아서 산 물건을 곧 바꾸곤 했습니다.

그가 한번은 앉아서 사용하는 책상을 사러 갔습니다. 간신히 하나를 골라서 구입을 했는데, 집에서 보니 책상이 너무 작은 것 같아서 마음에 들지 않았습니다. 그는 다시 그 가게로 가서 좀 더 큰 것으로 바꾸었습니다. 집에 와서 보니 아직도 책상이 작아 보였습니다.

그래서 그는 다시 좀 더 큰 것으로 바꾸었습니다. 그런데 집에 와서 보니 이번에는 책상의 색깔이 너무 마음에 들지 않았습니다.

그는 너무 피곤하고 속이 상해서 주님께 기도를 드렸습니다. 기도 중에 그는 주님께서 이렇게 말씀하시는 것을 느꼈습니다.

"너는 왜 본질적이지 않은 것을 가지고 그렇게 씨름하고 있느냐? 땅에 속한 모든 것은 다 썩는 것이니 영원하지 않은 것을 가지고 씨름하지 말아라. 그런 것은 아무래도 상관이 없는 것이다. 어떤 물건이든 책상이든 그냥 감사하고 누리면 충분한 것이다."

그는 비로소 자신의 문제의 근원을 알게 되었습니다. 이 청년의 경우 문제는 그 책상에 있는 것이 아니라 그 청년의 마음에 있었던 것입니다.

책상이든, 일이든, 각 사람마다 좋아하는 디자인, 스타일, 색깔, 성향은 다 다릅니다. 어떤 이는 이런 스타일을, 또 어떤 이는 반대의 스타일을 좋아합니다. 어떤 사람은 이런 것에 몹시 예민하며 어떤 이는 몹시 둔감합니다.

각 사람이 자기의 성향을 즐기는 것이 나쁜 것은 아닙니다. 그러나 그것이 지나쳐 사소한 것으로 인하여 생각이 피곤해지고 상하게 된다면 그는 이미 자기 생각의 감옥, 취향의 감옥, 완벽주의의 감옥에 갇혀있는 것입니다.

우리는 본질적인 것이 아닌 것에 대해서 둔감해지는 것을 훈련해야 합니다. 사소한 것에 대해서 아무래도 좋다고 생각하는 것을 훈련하십시오. 당신의 취향에 조금 맞지 않은 것이 있다고 하더라도 대범하게 넘기는 것을 훈련하십시오.

사소한 것에 마음을 쓰지 않을 때 사람은 진정 중요하고 가치 있는 것에 마음을 쓸 수 있을 것입니다. 완벽주의의 감옥과 자기 취향의 감옥에서 나오게 될 때 당신의 마음은 좀 더 여유 있게 되고 삶의 자유와 환희를 만끽할 수 있게 될 것입니다.

23. 상처를 받기 전에 한 번 더 생각하십시오

한 학생이 기숙사에서 방을 청소하다가 한 방을 쓰는 친구의 일기장을 발견했습니다. 호기심으로 일기장을 살짝 들추어보던 학생은 갑자기 화가 치밀어 올랐습니다. 불과 얼마 전의 일기에서 자신에 대한 불만과 비난하는 내용이 자세하게 기록되어 있었던 것입니다.

그는 몹시 기분이 상했습니다. 그는 생각했습니다.

'아니, 나는 우리가 몹시 친하다고 생각했고, 이 친구도 나를 아주 좋아하는 줄 알았는데, 어떻게 이럴 수가 있지? 그리고 겉으로는 전혀 티를 내지 않았는데.. 오늘 아침도 아주 다정하게 인사를 하고 헤어지지 않았는가.

이 친구, 겉이 다르고 속이 다른 위선자가 아닌가? 내가 이런 친구를 계속 가깝게 사귀어야 하는가? 앞으로 이 친구와 조금 거리를 두고 잘 관찰해 보아야 하겠구나!'

그는 오후 내내 불쾌한 기분으로 지냅니다. 저녁에 그 친구가 기숙사에 들어오고, 그를 보면서 웃음을 지었지만, 그는 개운한 마음으로 그를 대하기가 어렵습니다.

그의 언짢은 기색에 친구가 묻습니다.

"왜 그래? 기분이 안 좋아 보여. 어디 아픈 데라도 있어?"

그는 대답합니다.

"아니, 괜찮아. 좀 피곤한 것 같아."

그는 속으로 생각합니다. '위선자 같으니라고. 너에게는 앞으로 내 속마음을 털어놓지 않을 거야.'

그는 그날이후 그와 거리를 가지고 생활합니다. 두 사람의 사이에는 어떤 보이지 않는 벽이 생기게 됩니다.

과연 이 학생의 생각과 판단은 옳았을까요? 그가 친구의 일기장을 읽고, 그 내용에서 마음에 상처를 받고 이렇게 마음의 벽을 쌓은 것이 과연 합당한 일이었을까요?

이와 같은 일은 흔히 볼 수 있는 일이고 또 상처를 받는 것이 당연한 것으로 쉽게 생각합니다. 그러나 좀 더 냉정하게 생각해 보면, 이 청년은 자기의 생각이 옳지 않았다는 것을 알 수 있었을 것입니다.

첫째로, 그 자신은 과연 비난받을 만한 요소가 전혀 없으며 실수도 전혀 하지 않는 완벽한 존재일까요? 아마도 아닐 것입니다.

둘째로, 그 친구는 자신을 절대로 비난하거나 판단해서는 안 되는 의무가 있는 것일까요? 당연히 그렇지 않을 것입니다.

셋째로, 자신은 그 친구에 대해서 조금이라도 불쾌하게 생각했던 적이 과연 한 번도 없었을까요? 그는 다른 사람에 대해서도 비난하거나 판단하는 마음을 가진 적이 없었을까요? 아마도 있었을 것입니다. 그렇다면 자기가 비판하는 것은 괜찮고, 남이 내게 하는 것은 절대로 안 된다는 사고방식은 결코 바르다고 할 수 없는 것입니다.

넷째로, 과연 그 친구는 위선자일까요? 속으로 약간의 불만이 있다고 해서 그것을 정면으로 드러내어 표현해야만 바른 행동일까요?

아마도 그 친구는 그에게 약간의 불만이 있다고 하더라도, 그를 여전히 친구로 생각하며 그와의 관계가 손상되는 것을 싫어했을 것입니다. 이 형제 자신도 아마 어떤 사람에 대해서 속으로 약간 싫은 감정이 있어도 겉으로는 웃으면서 내색하지 않은 경험이 있었을 것입니다.

그러니 그 친구는 전혀 위선자가 아니며 그가 사소한 불만을 일기장에 기록해 놓은 것은 흔히 있을 수 있는 일이었던 것입니다.

이와 같이 조금만 생각해보면 우리는 일견 불쾌해 보이는 경험이나 사건에 있어서도 불쾌한 감정이나 나쁜 생각을 받아들이지 않고 충분히 그 상황을 이해하며 우리의 마음을 넓혀갈 수 있는 것입니다.

그러나 유감스럽게도 우리는 많은 경우에 직선적이고 이기적이고 자기 방어적으로 생각합니다.

우리는 사소한 일로 인하여 너무나 쉽게 상처를 받으며 사람들에 대해서 너무나 쉽게 마음을 닫습니다. 상대방이 우리에게 행했던 많은 친절한 행위들을 잊어버리고 우리의 마음을 더욱 좁게 만들어 스스로 만든 고독과 상처의 감옥에 갇혀버리고 마는 것입니다.

이 형제는 잠시 동안 자기의 마음을 제대로 관리하지 못해서 그의 영혼을 순간적으로 질식시켰으며 오랫동안 고통스럽게 만들었습니다.

아마 이 형제가 조금 더 고통을 겪고, 조금 더 영혼이 성장한 다음에는 좀 더 지혜롭게 생각할 수 있을 것입니다.

우리는 상처를 받는 많은 경우가 우리의 판단 부족과 지혜롭지 못한 생각으로 인하여 온다는 사실을 기억해야 합니다.

그러므로 우리는 상처를 받기 전에, 마음이 상하는 것을 받아들이기 전에 새롭고 넓은 각도로 상황을 분별하고 살펴보아야 할 것입니다.

생각을 넓히고 마음을 넓히면 우리는 우리가 스스로 만든 함정의 감옥에 빠지는 일이 줄어들게 될 것입니다.

그렇게 우리의 생각과 마음이 지혜롭고 넓어질 때 우리의 영혼은 성장하며 풍성하고 아름다운 삶을 영위해나갈 수 있을 것입니다.

24. 다른 사람의 권리를 인정하십시오

　지옥을 형성하고 있는 근본원리는 자기중심의 사고방식입니다. 천국은 하나님 중심, 다른 사람 중심의 사고방식에 의해서 형성됩니다.

　항상 자기만을 위하며 자기중심으로 생각하는 사람의 마음은 언제나 지옥을 형성하게 됩니다. 그 자기중심의 정도가 깊어질수록 이 사람의 마음의 고통도 심해지게 됩니다. 많은 사람들이 이 마음의 지옥에 살고 있으며 어떤 이들은 자기중심의 중독이 지나쳐서 그 사실을 깨닫지도 못합니다.

　흔히 사람들은 다른 사람이 자신을 싫어하거나 좋아하지 않을 경우 이것을 불쾌하게 여깁니다. 자기가 사랑하는 사람이 자기의 사랑을 거절했을 때 몹시 고통스럽게 느낍니다. 어떤 사람이 자신을 미워하거나 비난한다면 견디지 못하고 괴로워합니다.

　과연 이것은 온당한 태도일까요? 다른 사람이 우리를 미워하거나 좋아하지 않는다고 해서 우리도 상대방에 대해서 불쾌한 마음을 가져야 하는 것일까요? 다른 사람이 우리를 싫어한다고 해서 우리가 그 사람을 나쁘게 생각하는 것이 옳은 일일까요?

　그것은 본능적인 반응이지만, 지옥에 가까운 반응이며, 결코 천국적인 반응은 아닙니다.

하나님은 우리 모두에게 고유한 사고의 능력을 주셨습니다. 고유한 취향과 권리를 주셨습니다. 각 사람들은 자기의 기질과 성향을 따라 무엇이든, 누구든, 좋아하고 싫어할 권리가 있습니다. 그러므로 우리는 그 권리를 인정해 주어야 합니다. 우리가 남을 좋아하거나 싫어할 권리가 있는 것처럼 다른 사람의 권리도 인정해 주어야 하는 것입니다.

어떤 사람이 우리를 좋아해 준다면 그것은 감사할 일입니다. 그러나 또한 어떤 사람이 우리를 싫어한다고 해도 우리는 그것을 비판할 권리가 없습니다. 그것은 그들의 권리이기 때문입니다.

어떤 사람이 우리를 미워하기로 결정했다면, 우리는 그들의 권리를 존중해 주어야 합니다. 우리가 사랑하는 사람이 나를 버리거나 배반하거나 은혜를 원수로 갚는다고 해도 그것은 그들의 고유한 권리입니다. 우리가 그것에 대해서 전혀 비난을 퍼부을 수가 없는, 하나님이 부여하신 그들 고유의 권리인 것입니다.

그렇다면 우리도 그들을 비난할 수 있는 권리가 있지 않느냐고요? 물론 그렇습니다. 우리 자신도 상대방을 좋아할 수도 있고 싫어할 수도 있습니다. 상대방이 우리를 싫어하는 것처럼 우리도 상대방을 싫어하고 분개할 수도 있습니다.

하지만 그러한 선택은 하지 않는 것이 좋을 것입니다. 그 순간에 우리의 마음은 지옥이 되는 것이니까요. 공연히 다른 사람 때문에 우리의 마음을 지옥으로 만들 필요는 없지 않겠습니까?

이것은 우리가 부당하게 다른 사람들에게 비난과 억압을 받으며 살아도 된다는 것을 의미하는 것은 아닙니다. 우리는 당할 이유가 없는 그러한 억압은 당연히 물리쳐야 합니다. 다만 우리는 애정과 성향을 선택할 수 있는 상대방의 고유한 권리를 인정해야 한다는 것입니다.

너무나 많은 사람들이 다른 사람들의 고유한 권리를 인정하지 않으며 형제를 미워하고 판단함으로 지옥의 고통을 겪고 있습니다. 그것은 너무나 어리석은 일입니다.

나는 많은 이들이 상대방이 자신을 좋아하지 않는다고 푸념하는 것을 보았습니다. 그 사람은 자신의 마음을 몰라준다고 속상해하는 것을 보았습니다. 목사님은 다른 성도만을 예뻐한다고 불평하는 것을 보았습니다. 상대방이 자신의 애정을 배반했다고 화를 내는 것을 보았습니다.

그러한 모든 일은 어리석은 일입니다. 움직이는 바람을 잡으려는 것이 어리석은 것처럼 다른 사람의 마음과 애정을 우리 마음대로 사로잡으려고 하는 것도 어리석은 것입니다.

우리는 그러한 것에 대해서 비워져야 하며 상대방에게 맡겨야 합니다. 상대방이 우리를 사랑한다면 우리는 감사할 수 있습니다. 그러나 그렇지 않다면 그것은 그만입니다. 우리는 그 마음을 돌리게 하려고 애를 쓸 필요는 없습니다. 그것은 각 사람의 자유이며 권리이기 때문입니다.

부디 타인의 권리를 인정하십시오.

그들의 권리를 존중해주십시오.

당신의 애정이나 사랑이 자유롭기를 원하며

남의 지배를 받기를 원치 않는다면
당신도 그렇게 해주십시오.
사랑하는 사람이 당신을 배반해도 그들을 축복해 주십시오.
마땅히 기대하던 사람이 당신의 요구를 들어주지 않아도
그들을 비난하지 마십시오.
오직 하나님만이 당신을 온전하게 사랑하십니다.
그리고 당신도 사랑 안에서만 살기를 원하십니다.
다른 이들에게 대한 모든 기대와 요구를 포기하십시오.
남이야 어떻게 하던지 간에
당신은 오직 사랑과 평화를 선택하십시오.
그렇게 할 때 우리는 생각의 감옥과 고통에서 벗어나
좀 더 자유롭고 행복한 삶을 살 수 있게 되는 것입니다.

25. 남의 잘못을 함부로 비난하지 마십시오

사람들은 남들의 잘못을 알게 되었을 때 아주 쉽게, 그리고 너무나 당연하다는 듯이 그들을 비난합니다.

정치가들이 잘못을 저질렀을 때 쉽게 흥분하고 비난합니다. 유명한 연예인이나 스타가 잘못된 일을 했을 때 쉽게 욕을 합니다. 지도자나 종교인들의 탈선이 드러나면 매우 분개하며 입술에 침을 튀깁니다. 과연 그것은 온당한 일일까요? 과연 우리는 그러한 권리가 있을까요?

우리가 그들의 입장에 있다면 과연 우리는 그들과 다르게, 올바르게 행동하였을까요? 우리에게는 과연 위선적인, 이중적인 요소가 없을까요? 또한 그렇게 그들에게 비난과 울분을 토해냈을 때 그것이 우리에게 기쁨과 행복을 줄 수 있을까요? 결코 그렇지 않을 것입니다.

우리는 함부로 남의 잘못에 대해서 비난할 자격이 없습니다. 그리고 그러한 위치에 있지도 않습니다. 그리고 우리가 비슷한 상황에 처했다고 했을 때 우리가 절대적으로 바르게 행동할 수 있으리라는 것은 아무도 장담할 수 없습니다. 또한 그렇게 비난을 퍼부었을 때 우리는 전혀 행복과 기쁨을 느낄 수 없습니다.

사람들이 흔하게 남을 비난하고 판단하는 것은 당연한 것으로 보이지만 사실은 전혀 당연한 것이 아니며 옳은 것도 아닙니다. 그것은 바르지 않은 일이며 우리를 더욱 더 비참하게 만들뿐입니다.

그러나 왜 우리는 그러한 잘못을 저지르고 있는 것일까요? 비난을 통해서 즐거움을 느끼는 것도 아니고 행복이 오는 것도 아닌데 왜 우리는 그러한 잘못에 빠지는 것일까요? 비난하는 사람들은 하나같이 얼굴을 찌푸리고 불쾌한 태도로 말을 하는 것이 보통인데 왜 그처럼 힘든 일을 하는 것일까요?

그것은 우리 안에서 자신도 모르게 비난과 분노가 솟구쳐 올라오기 때문입니다.

그렇다면 왜 우리 안에서 그러한 비난이 솟구쳐 올라오는 것일까요? 그 이유는, 우리가 그렇게 남들의 잘못에 대하여 분노와 비난을 느끼는 것은 우리의 속에도 동일한 죄와 악이 있기 때문입니다. 우리 안에 있는 그 비슷한 악의 속성이 표면으로 같이 올라오는 것입니다.

바깥에서 개 한 마리가 짖어대기 시작하면 동시에 온 동네의 개들이 함께 짖어대는 것을 볼 수 있습니다. 그 개들은 같은 종류이기 때문에 동일한 반응을 나타내는 것입니다.

그와 같이 어떠한 악이 표면에 드러났을 때 사람들의 안에 있는 숨겨진 악은 같이 표면에 드러나게 됩니다. 그러므로 그 숨겨진 악이 바깥으로 나오는 과정에서 그와 같은 비난이 나오는 것입니다.

음란한 행동을 하다가 들킨 사람을 몹시 심하게 비난하는 사람이 있습니다. 그러한 이들은 자신의 안에 있는 음란의 충동으로 인하여 고통 하는 사람인 경우가 많습니다. 다른 사람이 인색하다고 심하게 비난하는 사람이 있습니다. 그의 안에도 인색한 영이 자리를 잡고 있는 것이 보통입니다. 그러므로 다른 사람이나 세상에 대한 비난은 자신의 안에 있는 악을 드러내주는 측면이 있는 것입니다.

만일 우리의 안에 있는 그러한 악들이 처리되고 정화된다면 우리는 같은 죄를 짓고 잘못을 행한 그들에 대하여 어떻게 느끼게 될까요? 우리는 그들을 더 이상 비난하지 않게 됩니다. 오히려 긍휼과 자비의 마음을 갖게 되는 것입니다.

어떤 이들은 다른 이들의 잘못이나 타락에 대하여 비난을 하지는 않지만 은근히 기뻐합니다. 다른 이들의 잘못과 타락을 은근히 이야기하며 즐기기도 합니다.

"나는 그런 짓은 안 해!" 하는 식으로 상대적으로 자기가 그들보다 나은 사람인 것을 부각시키려 하기도 합니다. 하지만 그것도 좋지 않은 것이며 자신의 속에 비슷한 악이 있는 것을 보여주는 것입니다.

우리는 사람들의 잘못이나 실수를 통해서 주님이 우리에게 보여주시는 것을 보아야 합니다. 자신의 모습을 돌아보아야 하며 함부로 다른 이들을 비난해서는 안 됩니다. 그럴수록 우리 안의 악들은 견고해지며 우리는 그러한 악에서 벗어날 수 없게 됩니다.

남의 잘못에 대해서 함부로 비난하지 마십시오.

오직 주님의 빛을 받으십시오.

우리가 주님의 빛을 통하여 점점 우리 속의 악을 처리 받을수록 우리는 비난을 멈추게 될 것입니다.

오늘날 많은 사람들이 다른 이의 잘못을 비난하는 것을 당연히 여깁니다. 그러나 당신이 그 비난의 감옥에서 벗어나게 될 때 당신은 좀 더 성장과 자유의 길에 이를 수 있게 될 것입니다.

26. 흑백 논리에서 벗어나십시오

사람들은 일반적으로 선과 악에 대하여 단순한 이해를 가지고 있습니다. 어떤 사람은 처음부터 악인이고 어떤 사람은 처음부터 선인이라고 생각합니다.

인생도 영화처럼 권선징악의 개념으로 생각하는 경향이 있습니다. 액션영화를 보면 선인인 주인공과 그의 대적인 악당이 분명히 드러납니다. 그리하여 영화의 초반에는 주인공이 악당에게 고통을 당하다가 마지막에는 나쁜 사람들을 모조리 징벌합니다. 그리고는 사랑하는 사람과 포옹을 하고 멋진 음악을 배경으로 유유히 떠납니다. 그런 식으로 끝이 납니다.

하지만 현실은 영화처럼 그렇게 단순하지 않습니다. 누가 선인인지, 악인인지가 간단하지 않습니다.

영화를 보면 재미있는 것은 선과 악의 분명한 기준이 따로 있는 것이 아니라 누가 주인공이냐에 달려있다는 것입니다. 주인공이 어떤 사람이냐에 상관없이 주인공은 선이며, 상대방은 악인 것입니다.

악당이라도 주인공이면 그는 선이 됩니다. 관객은 심리적으로 그의 편이 됩니다. 주인공이 도둑이라면 관객은 그가 잡히지 않기를 바라게 될 것입니다. 주인공이 마피아의 보스라면 관객들은 그가 잔인하게 반대파들을 처단할 때 즐거움을 느낄 것입니다. 영화를 보는 관객은 주인공과 정신적인 일체감을 느끼게 되기 때문입니다.

상대방의 편들은 아무리 많이 총에 맞아 죽어도 그만이지만, 주인공이 총에 맞으면 애절한 음악이 나오며 옆에 사랑하는 사람이 나와서 감동적이고도 비장한 대사를 오래 동안 읊어냅니다.

그러한 특권은 그가 주인공이기 때문입니다. 쓰러져 죽은 상대방들에게도 다 사랑하는 사람들이 있고, 가족이 있지만 그들은 주인공의 반대파들이기 때문에 그러한 측면이 드러나지 않습니다. 그들은 오직 멸망하고 제거되어야 할 악당일 뿐입니다.

현실을 살아가는 사람들의 인식도 이러한 영화와 비슷합니다. 사람들은 현실도 영화와 같이 자신을 항상 주인공으로 상정합니다. 그리고 영화 속의 주인공처럼, 주인공은 절대적인 선이어야 합니다. 주인공은 항상 옳은 쪽이라고 믿습니다. 그러므로 주인공인 나를 반대하거나 괴롭히는 그쪽은 악인인 것입니다.

우리는 이런 식의 흑백논리가 어디서나 무의식적으로 팽배해 있는 것을 흔히 볼 수 있습니다. 아마 우리 자신도 어느 정도는 그럴 것입니다. 그러나 과연 이러한 생각은 옳은 것일까요?

나만 주인공이고, 다른 사람은 주인공이 아닐까요? 과연 나는 옳고, 상대방은 틀렸을까요? 내가 총에 맞으면 음악이 나오고 반대편이 총에 맞으면 아무소리도 나오지 않을까요?

물론 그렇지 않습니다.

절대적인 선인과 절대적인 악인은 이 세상에 없습니다. 아니, 언젠가 주님의 심판 날에 그것은 드러날 것이지만 우리는 아직 누가 선인인지 누가 최종적인 악인인지 알 수 없습니다. 아직 모든 것은 끝이 난 것이 아니며 진행이 되고 있기 때문입니다.

우리는 '믿음의 조상 아브라함'에 대하여 글짓기를 시키면 이런 식으로 쓰려는 경향이 있습니다. '그는 믿음이 좋았습니다. 정말 좋았습니다. 무지하게 좋았습니다.'

다윗에 대해서 쓰라고 하면 '그는 착했습니다. 아주 착했습니다. 아무튼 무지무지 착한 사람입니다.' 라고 씁니다.

'솔로몬의 지혜'에 대해서는 '그는 똘똘했습니다. 하나를 가르치면 열을 압니다. 과외공부 한번 안 했는데도 그는 항상 100점만 맞았습니다.' 이렇게 씁니다.

사울이나 가룟유다에 대해서 쓰라고 하면 '그들은 나쁜 놈들이었습니다. 어렸을 때부터 못된 것을 골라서 했습니다. 부모 속을 썩였습니다. 등록금을 떼먹고 유흥비로 다 탕진했습니다.' 우리는 이런 식으로 생각하는 경향이 있습니다.

그러나 과연 그럴까요? 모든 사람은 양면성을 가지고 있습니다. 우리 모두는 다 적당히 착하고 적당히 못됐습니다. 어떨 때는 우리 자신이 보아도 너무 인정머리가 없고 교활하며 어떤 때는 자신이 감동할 정도로 착합니다. TV에서 비춰주는 감동적인 사건의 이야기를 보면서 울고, 끝나면 바로 아이들에게 신경질을 냅니다.

선과 악은 우리 속에 공존하는 것입니다. 천국과 지옥은 우리의 마음속에 공존합니다. 그러므로 진정한 싸움은 외부에 있는 적이 아니라 우리의 속에 있는 어두움과 악이며 잘못된 생각인 것입니다.

바깥에 있는 악들과 타인의 악은 우리의 운명과 상관이 없습니다. 그러나 우리 속의 정화되지 않은 악은 우리의 현실과 영원한 운명과도 상관이 있는 것입니다. 그러므로 바깥의 적이 문제가 아니라 우리 자신이 문제입니다.

우리만이 주인공이 아닙니다. 우리가 항상 옳은 것이 아닙니다. 우리가 잘못되고 상대방이 옳을 수가 있습니다. 우리가 거짓이며 상대방이 진실일 수가 있습니다. 우리를 칭찬하는 쪽이 잘못된 쪽이며 우리를 비난하는 쪽이 옳을 수 있습니다.

그러므로 우리는 단순한 선과 악의 논리에서 벗어나야 합니다. 흑백의 논리에서 벗어나야 합니다. 절대적 선의 논리에서 벗어나야 합니다. 자기중심적인 인생관과 세계관에서 벗어나야 합니다.

흑백논리를 버리십시오.
자기 자신을 객관적으로 보십시오.
진정한 싸움이 우리의 내부에 있음을 발견하십시오.
선과 악은 바깥에 있는 것이 아닙니다.
우리의 생각이 여유롭게 되고
우리 내부의 전쟁에서 조금씩 승리해 나갈 때
우리는 진정한 자유와 승리의 삶을
누리게 될 수 있을 것입니다.

27. 집중된 생각은 강력한 에너지입니다

생각은 하나의 에너지입니다. 그것은 단순한 하나의 상상이나 개념이 아니라 운동력이며 생명이며 실제이며 힘입니다. 그러나 그 에너지가 가지는 힘의 정도는 생각의 집중력에 따라 달라집니다.

돋보기로 종이의 한 부분을 계속 비추면 종이는 열로 인하여 타게 됩니다. 넓은 표면에 비춰는 태양광선의 온도는 그리 높지 않지만 돋보기가 그 광선을 한 곳으로 모아주는 역할을 하기 때문에 온도가 높아지는 것입니다. 이와 같이 한 곳으로 집중된 생각은 엄청난 에너지를 발산할 수 있습니다.

생각이 많은 사람이 있습니다. 그들은 항상 생각이 복잡합니다. 그들은 단순하게 생각하지 못합니다. 그들의 머리에는 항상 이 생각, 저 생각들이 끊어지지 않습니다. 그들은 종종 잠을 이루지 못하고 불면의 밤을 보내며 잡다한 생각으로 고생합니다. 이런 사람들의 생각에는 강력한 에너지가 없습니다.

그들의 생각은 합리적이며 옳지만 그들의 상념에는 단순성과 집중력이 부족하기 때문에 강력한 에너지가 나오지 않는 것입니다. 그러므로 그들은 항상 완벽하고 합리적인 생각을 하지만 실제의 현실에는 별로 성취를 하지 못합니다.

그것은 그들의 생각 에너지가 한 쪽 방향으로 움직이는 것이 아니라 여기저기 왔다 갔다 하기 때문입니다. 그들은 수시로 생각이 바뀌며 일관성을 잃고 방황하게 됩니다. 그러므로 그들은 많은 생각을 하지만 실제로 무엇을 해야 하는지 단순한 결론에 이르지 못하는 것입니다.

복잡한 생각들은 마음을 병들게 하며 혼란스럽게 합니다. 많은 생각을 하는 이들은 단순한 사람들보다 활력이나 영적인 힘이 부족합니다. 그러므로 단순한 사람은 많은 것을 성취하지만 생각이 많고 복잡한 사람은 자신이 옳다고 생각하면서도 실제로는 별로 얻는 것이 없는 것입니다.

풍성한 열매를 위해서 단순한 생각을 훈련해야 합니다. 복잡한 생각으로부터 머리를 자유롭게 해 주어야 합니다. 생각을 다스리고 정돈하여 단순화시켜야 합니다.

많은 것을 이해하는 것보다 단순한 한두 가지를 확실하게 내 것으로 해야 합니다. 그것이 우리의 삶을 더 풍성하게 하는 것입니다. 단순해질수록 사람은 자유로워지며 이론이 아닌, 실제적인 풍성함을 누릴 수 있습니다.

기독교의 수많은 교리, 지식, 성경의 많은 진리들을 깨닫고 가르치는 사람들보다 단순한 몇 가지의 원리를 반복하고 체험하고 누리는 사람이 실제로 천국에 가까우며 실제적인 신앙을 가지고 있는 것입니다.

부디 이 단순한 생각을 훈련하십시오. 단순해질수록 당신의 삶은 자유롭고 풍성하게 될 것입니다.

28. 생각은 외부에서 들어옵니다

　사람들은 일반적으로 자신이 생각을 만들어 낸다고 여깁니다. 그러나 사실은 그렇지 않습니다. 생각은 사람의 외부에서 사람의 속으로 들어오는 것입니다. 사람은 외부에서 들어온 생각을 받아들이는 것입니다.
　사람의 뇌는 외부에서 들어오는 생각의 수신기구입니다. 생각은 스스로 생각을 창조하고 생산하는 곳이 아닙니다.
　요한복음 13장 2절은 '사단이 가룟유다에게 예수를 팔 생각을 넣었다'고 기록하고 있습니다. 유다가 사탄의 생각을 받아들인 것은 잘못이지만 그 생각의 근원은 유다에게서 나온 것이 아님을 보여줍니다.
　주님께서 제자들에게 처음으로 자신의 죽음, 십자가의 길에 대해서 말씀하실 때 베드로는 주님께 간곡하게 위로하고 권면합니다.

　"주여, 그리 마옵소서. 이 일이 결코 주께 미치지 아니 하리이다."
　(마16:22)

　그러나 주님은 그렇게 권면하는 베드로를 꾸짖으십니다.

"사탄아 내 뒤로 물러가라. 너는 나를 넘어지게 하는 자로다"
(마16:23)

과연 베드로가 사단일까요? 물론 아닙니다. 유다에게 그렇게 했던 것처럼 사단은 베드로에게도 살짝 생각을 넣었던 것입니다.

유다에게는 탐욕의 형태로, 베드로에게는 인간적인 동정과 애정의 형태로 온 것이 다를 뿐입니다.

왜 사탄이 각 사람에게 다른 생각을 넣을까요? 그것은 악한 영이 각 사람에게 다른 전략을 써서 유혹하기 때문입니다. 각 사람의 성향과 상황은 각자 다 다르기 때문에 악한 영들은 그들이 잘 속을 수 있고, 받아들일 수 있는 생각들을 집어넣는 것입니다. 유다는 욕심이 많으니 사단은 그것을 이용했고, 베드로는 아직 처리되지 않은 인간적 애정이 많으므로 사단은 그것을 이용했던 것입니다.

남편에게 학대를 당하는 아내에게 악령들은 미움과 원한의 생각을 쉽게 넣어줄 수 있을 것입니다. 부모의 구박 속에서 자란 사람에게는 미움의 생각을 넣는 것은 아주 쉽습니다. 외롭고 고독한 사람들에게 도박의 영이나 어떤 중독증상을 집어넣는 것도 쉬운 일입니다.

사랑 받지 못하고 자란 사람들에게 섹스중독이나 연애중독, 의존중독, 소유중독에 빠지게 하는 것도 어렵지 않은 일입니다. 이와 같이 사단은 각 사람을 파괴하기 위하여 각 사람에게 가장 잘 먹혀들 수 있는 생각 에너지를 사용하는 것입니다.

사단만이 생각을 넣는 것은 아닙니다. 하나님께서도 성령을 통하여 우리에게 깨달음과 계시의 생각을 넣어주실 수 있습니다.

예수께서 제자들에게 '너희는 나를 누구라 하느냐' 물으셨을 때에 베드로는 처음으로 주님의 신성을 고백했습니다.

"주는 그리스도시요. 살아 계신 하나님의 아들 이시니이다."(마 16:16)

이 대답에 대하여 주님은 이렇게 축복하십니다.

"바요나 시몬아, 네가 복이 있도다. 이를 네게 알게 한 이는 혈육이 아니요, 하늘에 계신 내 아버지시니라." (마16:17)

베드로가 깨달은 것도 베드로 자신에게서 일어난 것이 아니라 하나님의 영이 그러한 깨달음을 주셨다는 것입니다.

에베소서 1장 17절에 '우리 주 예수 그리스도의 하나님, 영광의 아버지께서 지혜와 계시의 정신을 너희에게 주사 하나님을 알게 하시고' 라는 말씀이 나옵니다.

이 말씀도 하나님을 알게 되는 것은 본인의 생각으로 스스로 깨닫는 것이 아니며 하나님께서 그러한 영, 그러한 지식, 그러한 생각을 넣어 주실 때 가능하다는 것을 보여 주고 있습니다.

이와 같이 생각은 본인의 내부에서 나오지 않고 외부에서 유입되는 것이라는 사실은 성경의 수많은 곳에서 충분히 입증될 수 있는 것입니다.

그러면 사람의 역할은 무엇일까요? 사람이 단순히 생각의 수신자에 불과하다면 사람은 로봇에 지나지 않는 것이 아닐까요? 아닙니다. 사람의 역할은 바로 이 생각들을 분별하고 선택해서 자신의 속에 받아들여 자신의 인생과 삶을 결정하는 것입니다.

그러므로 그 생각이 어둠의 세계에서 왔든, 빛의 세계에서 왔든, 그것을 받아들이는 것은 본인의 책임인 것입니다. 사람은 누구나 자신이 좋아하는 것을 선택하기 때문입니다.

부패를 일으키는 균도 있고, 유익을 주는 균도 있습니다. 썩은 음식을 좋아하는 동물도 있고 깨끗한 음식을 좋아하는 동물도 있습니다. 밤에 활동하는 동물도 있고 낮에 활동하는 동물도 있습니다. 어둠을 좋아하는 동물도 있고 빛을 좋아하는 동물도 있습니다.

이와 같이 사람도 악한 생각과 죄를 즐기는 사람도 있으며 거룩함과 의로움을 좋아하는 사람도 있습니다. 자기중심적인 사람도 있으며 남을 섬기고 다른 사람을 기쁘게 하는 것을 더 좋아하는 사람도 있습니다. 그것은 사람들이 자유의지를 가지고 자신이 좋아하고 원하는 생각을 선택을 함으로 자신을 만들어간 결과입니다.

이와 같이 사람들은 자기들의 성향을 따라 외부의 에너지, 외부의 생각을 선택하고 받아들이게 됩니다. 그리하여 그 결과로 날마다 천국에 가까워지거나 지옥 쪽으로 가까워져 가는 것입니다.

천국과 지옥은 다양한 영적 계층으로 형성되어 있습니다. 하늘에도 여러 하늘이 있음을 성경은 보여줍니다. 그것은 영적인 수준에 따른 계층입니다.

영적으로 높고 거룩하며 영광이 가득한 천국의 세계도 있으며 천국이기는 하지만 부끄러운 구원에 해당하는 비교적 낮은 계층의 영계도 있습니다. 죄와 악으로 가득한 지옥의 영계도 있으며 지옥 중에서도 강력한 악과 더러움과 어두움이 가득한 지옥의 영계도 있습니다.

그러한 영계에서 수많은 생각과 상념들이 이 땅에 살고 있는 사람들에게 내려옵니다. 각 사람들은 이 영계에서 내려오는 생각들 중에서 자신의 성향에 따라 원하는 것들을 선택하는 것입니다.

어떤 사람들은 아름답고 거룩한 생각을 받아들이고 선택합니다. 어떤 사람들은 증오와 원망과 두려움의 생각을 받아들이고 선택합니다. 그리고 날마다 순간마다 하는 그러한 생각의 선택이 자신의 현재를 만들고 미래를 만들며 영원한 미래를 형성하게 되는 것입니다.

그러므로 생각하는 과정은 외부 에너지를 받아들이는 과정이며 그 외부의 건축 재료를 사용해서 자신의 집을 짓는 과정입니다. 어떤 사람은 날마다 생각을 통해서 분노의 집을 짓고 있습니다. 그리고 그것은 집이라기보다는 감옥입니다. 어떤 사람은 사랑과 기쁨의 집을 짓습니다. 그것은 아름다운 집이며 궁궐과 같은 것입니다.

어떤 사람은 두려움과 불안, 원한으로 가득한 집을 짓고 그 속에서 살고 있으며 거짓과 자기기만, 혼돈의 집을 짓고 그 속에 갇혀서 비참하게 살고 있는 사람들도 있습니다. 그렇게 모두가 스스로의 선택에 의해서 자신의 삶을 결정하고 있는 것입니다.

생각은 외부 에너지의 유입입니다. 생각은 우리의 삶에 찾아오는 손님입니다. 누구나 자신의 집에 함부로 아무 사람이나 받아들이지 않듯이 우리는 우리의 집에 오는 손님을 신중히 고려하고 분별해서 초대를 해야 합니다.

귀한 손님만을 초청해서 아름다운 교제와 사랑의 잔치를 벌여야 합니다. 그것이 진정 우리의 삶을 아름답고, 풍성하고, 자유롭게 만드는 중요한 길입니다.

당신의 내부에 찾아오는 생각을 주의하고 분별하고 선택하십시오.

그 생각의 영적 근원을 분별하십시오.

당신의 선택이 아름답고 현명할 때 당신은 그 풍성한 열매를 맛볼 수 있게 될 것입니다.

29. 생각 에너지는 변화되며 발전합니다

 달이 스스로 빛을 내지 못하고 햇빛을 받아서 빛을 내는 것처럼 사람도 스스로는 살 수 없고 외부 에너지를 필요로 합니다.
 사람은 외부에서 음식을 취함으로서 육체를 구성하고 유지하며 외부에서 산소를 공급받아 활동 에너지를 얻습니다. 또한 외부에서 생각을 공급받아 그 사람의 인격과 영혼을 형성해 갑니다. 이와 같이 사람을 유지할 수 있는 음식, 공기, 생각 등은 외부에서 공급되는 것입니다.
 음식과 공기는 물질계에서 공급되는 에너지이며 생각이나 느낌, 감동 등은 영계에서 공급되는 에너지입니다. 음식을 아주 적게 먹으면 몸의 유지가 어렵고 호흡이 약하면 에너지의 효율성이 떨어지므로 운동력이 부족하여 소극적, 내성적인 사람이 됩니다. 또한 생각이나 감동 에너지를 너무 적게 공급받으면 영혼의 기능이 발달하지 못하여 동물적이고 본능적인 수준에서 살게 됩니다.
 외부에서 우리 안에 들어온 생각 에너지는 어떻게 될까요? 그것은 우리 안에서 여러 과정을 거치며 변화되어 갑니다. 몸속에 들어온 음식 에너지가 일부는 몸을 구성하는 물질이 되고 일부는 운동 에너지가 되듯이 사람의 뇌 속에 들어온 생각 에너지는 여러 형태로 발전되어 갑니다. 뇌 속으로 입수된 생각이 뇌 속에 머물러 있을 때 그것은 하나의 논리와 개념에 불과합니다. 그것은 실상이 아니며 하나의 관념에 지나지 않습니다. 그것은 생명이 아니며 생명의 기초에 속하는 것입니다. 그것은 씨앗이 하나 뿌려진 것입니다. 그것은 아직 지식의 단계에 머물러 있는 것입니다.

많은 사람들이 이 뇌 속에 머물러 있는 지식의 수준, 이해의 수준을 실제의 수준으로 오해합니다. 그러나 지식은 생명의 씨앗이며 시작일 뿐 종착역이 아닙니다.

오늘날 많은 그리스도인들은 복음과 진리를 관념적으로 이해하는 수준에 머물러 있습니다. 그렇기 때문에 기독교의 실상을 별로 체험하지 못하며 별로 변화되지도 않습니다. 진리에 대하여 아직 이해하는 수준에 머물러 있을 때 그는 아직 실제적인 구원과는 거리가 먼 것입니다.

그러한 이들은 설교도 잘하고 가르치기도 잘하고 합리적인 이해의 논리를 잘 펼 수는 있지만 실제로 구원의 감격을 경험하고 인격과 삶의 실제적인 변화를 체험하기는 어렵습니다. 그들은 복음을 이해하지만 그들의 심장은 여전히 죄를 사랑하고 죄의 쾌락을 즐거워하며 자기중심적이며 세상의 악한 쾌락을 좋아합니다. 이러한 상태는 진리가 아직 생각의 첫 번째 단계에서 더 나아가지 않았기 때문입니다.

외부에서 머리에 들어온 생각 에너지의 다음 단계는 심장까지 내려와 소원, 감동, 욕구가 되는 단계입니다. 이렇게 되면 생각은 단순한 개념이 아니고 이해와 깨달음이 아니라 자신이 그것을 소원하고 갈망하게 됩니다. 기독교의 진리 측면에서 말한다면 여기서부터 실제적인 구원의 역사가 시작되는 것입니다. 그는 점차 영적 세계의 실상을 경험하게 되며 그 결과 죄를 미워하고 영적인 기쁨과 행복을 경험하게 되며 변화되기 시작합니다.

그는 조금씩 남을 섬기는 것을 좋아하며 진리를 사랑합니다. 그는 이해의 단계에서 사랑의 단계로 발전한 것입니다. 그의 속성 자체가 변화되기 시작한 것입니다.

생각 에너지의 마지막 단계는 실제화, 행동화의 단계입니다. 생각은 뇌에 의해서 수신되어 하나의 개념을 형성하게 되고, 그것은 심장으로 내려와 욕구와 소원이 되며, 그 후에 몸과 행동을 지배하여 삶으로 나타나게 됩니다. 이러한 반복을 통하여 부분적인 구원과 변화의 수준이 발전되어 가는 것입니다.

이와 같이 생각은 이해, 소원, 행동의 3단계로 에너지의 전환을 이루며 개념에서 감동으로, 감동에서 삶과 행동과 인격적인 열매로 나타남으로써 실상이 되는 것입니다.

선한 행실 자체가 구원의 조건이 된다고 할 수는 없습니다. 그러나 믿음은 처음에는 생각으로 시작되어 생각이 바뀌며 그 다음에는 감동과 소원이 바뀌게 되고 나중에는 행동과 삶의 열매가 따라오게 됩니다. 그러므로 어떤 이가 많은 지식을 가지고 있으나 그의 인격과 삶에 변화가 없다면 그러한 신앙은 그 영혼의 안전을 보장할 수 없는 것입니다.

오늘날 많은 사람들의 믿음이 이해의 수준에 머물러 있습니다. 생각의 초기 상태에 머물러 있습니다. 그들은 진리에 대한 지식은 있으나 그것에 대한 감동과 소원이 부족합니다. 많은 사람들이 감동과 소원이 부족한 상태에서 행동을 바꾸려고 노력합니다. 그러한 이들의 신앙생활은 아주 힘들고 고통스러우며 의무와 같은 것입니다. 이들은 생각이 감동으로 바뀌어야 합니다.

영적인 성장과 자유를 위해서 우리들은 먼저 빛에 속한 아름다운 생각, 진리에 속한 생각을 받아들여야 합니다. 또한 그러한 빛과 진리의 생각들을 받아들인 후에 우리는 그 생각들을 발전시켜 나가야 합니다.

우리 안에 들어온 지식이 단순한 지식에 머무르지 않고 우리의 소원이 되고 열망이 되고 행동이 되어서 우리를 진보시킬 수 있도록 우리는 더욱더 발전해가야 하는 것입니다.

우리 안에 들어온 생각이 가슴까지 내려와서 소원과 욕구가 된다면 자연스럽게 행동이 따라오게 됩니다. 왜냐하면 사람들은 자기가 좋아하는 행동을 할 때 기쁨을 맛보기 때문입니다. 순교자들이 주님을 위해 채찍을 맞으며 기쁨을 느끼는 것도 주님이 그의 욕구가 되었기 때문입니다.

생각은 외부에서 들어옵니다. 그렇게 들어온 생각은 우리 안에서 움직이며 발전합니다. 그것은 서서히 들어와서 그 사람의 중심까지 여행합니다. 부디 바른 생각과 진리의 생각을 받아들이십시오. 그리고 그것이 당신의 가슴에 내려와 당신의 중심에까지 이르게 하십시오. 그것이 실제적인 삶의 열매를 맺는 길이며 당신이 영적으로 성장해 가는 과정인 것입니다.

30. 생각은 씨앗이며 생각의 결과는 열매입니다

사람의 성은 육체로 볼 때 남자와 여자로 구분되지만 영적으로 보면 남자도 여자도 다 여성의 성질을 가지고 있습니다. 사람은 영적인 측면에서 볼 때 그리스도의 신부가 되거나 사탄의 신부가 되는 두 가지의 길만이 존재하는 것입니다.

여성의 한 특성은 생명을 잉태하며 아이를 낳을 수 있다는 것입니다. 그러나 여성 혼자서는 아이를 잉태할 수가 없습니다. 여성은 남성에게서 씨를 받아야 합니다. 그런데 그 씨가 바로 생각인 것입니다.

그러므로 사람은 주님으로부터 나오는 주님의 생각을 받아들여 주님께 속한 열매를 생산하게 되거나 마귀의 생각을 받아들여 마귀에 속한 열매를 생산하게 되는 것입니다. 이것이 곧 성령의 열매와 육체의 열매입니다. (갈5:19-23)

즉 주님의 사람은 주님과 연합하고 한 몸이 되어 성령의 열매를 맺으며, 마귀에게 속한 사람은 마귀의 생각을 받아들이고 마귀와 연합하여 육체의 열매를 맺는 것입니다.

그러므로 믿음이란 아무리 입으로 '주여, 주여' 하고 시인을 해도 그것만으로는 주님께 인정받을 수 없으며 주님께 속한 열매를 맺어야 합니다. (마7:15-23)

오늘날 입으로는 주를 시인하고 외형적으로는 신앙생활을 하지만 실제의 삶에서 이기심, 교만, 음란, 정욕, 탐욕 등의 악한 열매를 맺는 그리스도인들이 많이 있습니다. 남을 섬기는 것을 싫어하며 자신을 드러내는 것을 좋아하며 세상의 영으로 가득하여 세상을 사랑하고 세상의 근심으로 가득한 이들이 많이 있습니다. 그러한 이들은 세뇌된 구원의 확신을 가지고 천국이 자기 집이라고 여기며 자기의 신앙을 좋다고 여길 지라도 주님과 천국과는 아주 멀리 있는 사람들입니다.

어떤 그리스도인들은 불신자들이나 무신론자들보다도 더 무례하고, 거칠고, 사나우면서도 기도를 많이 하기 때문에 하나님의 나라가 내 것이라고 생각합니다. 그러나 그것은 진정 엄청난 착각입니다.

하나님의 나라는 결코 관념이나 이론이나 지식으로 들어가는 것이 아닙니다. 주님은 우리에게 항상 열매를 요구하십니다. 아름다운 열매를 맺지 못하는 나무는 누구나 다 찍혀 불에 던져지게 될 것입니다.(마7:19)

마귀의 생각인 마귀의 씨앗을 받은 사람은 자연히 악한 열매를 맺게 됩니다. 이기적이고 거칠고 자기중심적이고 남에게 상처를 주면서 아무 거리낌이 없는 등 온갖 악한 열매가 나타나게 됩니다. 그러므로 그들이 있는 곳에는 긴장과 갈등과 싸움이 있는 것입니다.

주님의 생각과 주님의 씨앗을 받은 사람은 자연스럽게 주님의 열매가 나게 됩니다. 그러므로 그러한 사람이 있는 곳에는 항상 천국의 열매와 향취가 있으며 기쁨과 사랑과 행복의 열매가 맺어지므로 그들이 있는 곳은 천국으로 변하게 되는 것입니다.

좋은 씨를 받으면 좋은 열매를 맺는다는 것은 아주 단순하고 확실한 법칙입니다. 사람의 마음은 밭과 같아서 콩을 심으면 콩이 나고 꽃을 심으면 꽃이 핍니다. 그러므로 사람은 항상 어떠한 씨앗을 받아들여야 하는지를 조심하여 자신에게 들어오는 생각을 분별해야 합니다.

정숙한 여자라면 길을 가다가 아무 남자나 자기를 만지고 건드리는 것을 허락하지 않을 것입니다. 왜냐하면 여성은 잉태할 수 있는 능력이 있기 때문에 함부로 씨를 받아서 자기가 사랑하지 않는 사람의 열매를 맺고 싶지는 않을 것이기 때문입니다.

마찬가지로 주님께 속한 사람은 주님의 영이 아닌 세상의 영을 받아들여 세상의 열매를 맺어서는 안 됩니다. 그리고 악한 자의 씨앗을 받으면서 그것이 나중에 열매로 나타나지 않을 것이라고 기대해서는 안 됩니다. 씨앗은 무엇이든 열매로 나타나기 때문입니다.

주님을 받아들이는 것은 구원의 시작입니다. 그것은 우리 마음의 중심에 주님이 들어오시는 것입니다. 그것은 주님의 말씀과 주님의 생각을 우리가 받아들이는 것입니다. 그것은 단순한 몇 마디의 시인이 아닙니다.

우리는 그 순간부터 지속적으로 주님의 말씀과 주님의 씨앗을 우리 안에 받아들여야 합니다. 주님의 생각, 주님의 가르치심이 우리의 안에 깊이 들어와 우리의 가치관, 말의 습관, 물질관, 결혼관, 모든 것을 지배하시게 해야 합니다. 그리고 그 씨앗의 결과는 주님께 속한 행함과 열매로 나타나는 것입니다. 이것이 구원의 시작에서 더 깊은 구원을 향해서 발전해 가는 것입니다.

오늘날 많은 그리스도인들이 주님의 열매를 맺지 못하고 있습니다. 오늘날 많은 그리스도인들이 자신들은 큰 교회에 다니기 때문에, 교회에 충성, 봉사하기 때문에, 많은 헌금을 하기 때문에, 교회에서 하루 종일 살기 때문에 천국은 자기 것이라고 생각합니다. 그러나 그것은 주님의 열매가 아니며 천국의 열매가 아닙니다. 주님과 천국의 열매는 내적인 변화이며 우리의 깊은 속에서 일어나는 기쁨과 순결한 사랑과 평화인 것입니다.

근심하고 염려하며 미워하고 한숨 쉬고 바쁘고 쫓기고.. 이러한 마음의 상태는 결코 천국과 주님께 속한 사람들의 내적인 열매가 아닙니다.

이들이 열매 맺지 못하는 이유는 간단한 것입니다. 그들은 주님의 씨앗을 가지고 있지 않습니다. 그들은 주님의 씨앗과 말씀을 충분히 그들의 중심에 받아들여 뿌리를 내리지 않습니다.

그리고 오히려 세상과 악한 영들의 씨앗을 받아들이고 그 악한 생각을 받아들여서 악한 영들의 열매를 맺습니다. 이처럼 씨앗이 좋지 않기 때문에 열매도 좋지 않은 것입니다.

생각은 씨앗입니다. 그것은 영이며 생명입니다. 그것은 생명의 기운입니다. 그것은 영의 세계에서 옵니다.

우리는 주님의 씨앗을 받아들여 주님의 열매를 맺거나 악한 자의 씨앗을 받아들여 악한 자들의 열매를 맺게 됩니다. 그러므로 우리는 좋은 씨앗을 받아야 합니다.

우리는 더럽고 악한 씨앗을 받아들여서는 안 됩니다. 그러한 악한 씨앗을 받아들이면서 우리의 삶이 개선되리라고 믿어서도 안 됩니다. 우리는 더럽고 악한 생각이 우리에게 들어오는 것을 허용해서도 안 되며 결코 악한 생각들을 즐겨서도 안 됩니다.

행동으로 범죄하지 않았어도 생각으로 범죄하면 그의 영혼은 더러워지며 타락하기 때문입니다. 그러한 이들은 겉으로는 신실한 신자로 보이지만 속으로는 악의 포로가 되어 위선자가 되어가게 되는 것입니다.

아름다운 열매를 위하여
오직 주님을 묵상하고 주님을 받아들이며
그분의 씨앗을 잉태하십시오.
주님의 씨앗을 잉태하고 세월이 지나가면
당신은 주님의 열매를 맺게 될 것입니다.
어려움도 올 것이고 겨울도 오겠지만
언젠가 봄은 오게 되고 당신은
주님의 풍성한 아름다움의 통로가 될 수 있게 될 것입니다.
더 깊은 구원을 위하여, 진정한 영적 성장을 위하여
당신의 생각을 정결하게 하십시오.
주님의 생각과 씨를 받으십시오.
말씀의 기운이 당신의 내부에 가득하게 하십시오.
당신 안에서 주님의 영광과 천국의 향취는
점점 더 선명하게 될 것입니다.

31. 생각과 영들은
비슷한 종류끼리 서로 모입니다

    사람은 외부에서 받아들인 생각을 통하여 마음을 형성하고 그 사람의 고유한 특성을 만들어가게 됩니다. 그렇게 우리 안에 들어오는 생각의 중요한 속성은 비슷한 종류끼리 서로 모인다는 것입니다.
    만약 어떤 사람이 분노에 대해서 생각하면 그 사람에게는 계속적으로 분노와 연관된 생각들 - 분노하는 이유, 분노를 합리화시키는 생각, 분노와 관련된 미움, 억울함.. 등의 생각들이 떠오르게 됩니다.
    비슷한 생각, 비슷한 상념, 비슷한 감동들이 점점 더 그에게 가까이 오게 되는데 이는 생각과 영은 항상 비슷한 종류끼리 모이는 속성을 가지고 있기 때문입니다.
    그리하여 그러한 생각에 빠져들어 갈수록 점차로 그의 인격 속에 분노라는 독특한 특성이 자리를 잡게 됩니다. 그렇게 시간이 흐르면 그는 인상 자체도 항상 화가 난 사람처럼 보이게 됩니다. 실제로 그는 쉽게 화를 내고 사소한 것에도 폭발하며 억울한 것을 참지 못하게 됩니다. 결국 분노의 생각을 계속 받아들여 분노의 영이 되고 분노의 사람이 되는 것입니다.

어떤 사람이 반항과 비뚤어짐에 대한 생각들을 받아들이면 그는 또한 모든 것을 비뚤어진 시선으로 보게 되며 그러한 비뚤어진 생각, 감동들이 점점 많아지고 나중에는 다른 사람들이 보지 못하는 사물의 잘못된 점들을 예리하게 느끼게 됩니다.

그는 점차로 성실한 사람들이나 모범생들을 싫어하며 비슷한 사람끼리 어울리게 됩니다. 그러한 이들은 점점 바른 것을 싫어하고 비뚤어진 것에 즐거움을 느끼며 점점 더 그러한 세계로 나아가게 됩니다.

요즘에 중고등학생들이 흔히 사용하는 은어에 '범생이' 라는 말이 있습니다. 이것은 모범생에 대한 비하적인 표현입니다. 이러한 언어표현은 이 세대 아이들의 불성실하고 비뚤어진 마음을 잘 보여주고 있는 것입니다.

이러한 이들도 점점 비뚤어진 생각이 자주 많이 떠오르게 되어 그 사람의 중심에 비뚤어진 영과 생각이 자리를 잡게 되고 비뚤어진 사람이 되는 것입니다.

어떤 사람이 감사함이나 자비에 대한 생각을 받아들이는 것도 비슷합니다. 점차로 그에게는 비슷한 생각과 정신이 찾아오게 되어 그는 그러한 정신을 형성하게 됩니다. 그리하여 그는 점점 더 감사하고 싶은 마음과 생각이 일어나게 됩니다.

점점 더 다른 이들에게 자비를 베풀고 싶어집니다. 그 동일한 생각과 영들이 계속 그에게 찾아오는 것입니다. 그는 점점 더 감사의 사람이 되고 자비의 영이 되어서 그와 비슷한 사람들과 교류하는 것을 즐기게 됩니다.

반대의 정신과 영을 가진 사람들, 불평하고 원망하는 사람들이나 남에게 매정한 사람을 보면 고통을 느끼게 되어 점차로 그러한 이들과는 멀어지게 되는 것입니다.

모든 사람에게는 빛과 어둠이 섞여있지만, 이와 같이 본인의 선택에 의해서 점점 한 쪽으로 기울어지게 됩니다.

빛에 속한 사람들은 점점 어둠과 폭력과 미움과 악을 싫어합니다. 그들 속에 조금이라도 해결되지 않은 분노가 있거나 다른 사람과 불편한 거리낌이 생기거나 하면 그들은 잠을 이루지 못합니다. 그들의 속성이 어두움을 싫어하기 때문입니다.

어둠에 가까워지는 사람들은 차츰 악을 행하고 악한 말을 하고 남을 헐뜯으면서 즐거움을 느낍니다. 그들은 남이 아름답고 선한 말과 행동을 하게 되면 고통과 분노를 느끼게 됩니다. 이와 같이 사람들은 시간이 흐를수록 자신의 영혼을 만들어 가는 것입니다.

생각은 비슷한 것끼리 모이므로 사람들도 자신과 비슷한 생각을 가진 사람끼리 모이게 됩니다. 생각이 틀린 사람들이 모이면 서로 괴롭습니다.

험담을 좋아하는 사람들은 같이 모여서 험담을 하면서 즐거움을 느끼며, 육의 쾌락을 좋아하는 사람들은 같이 모여서 놀고 즐깁니다.

주님을 사랑하는 사람들은 함께 모여 주님을 나누며, 봉사를 좋아하는 사람들은 함께 모여서 봉사하게 됩니다. 누구든지 자기와 비슷한 사람과 교제하며 함께 있을 때 기쁨을 느끼게 되는 것입니다. 그것은 양들이 같은 양들의 무리에서 편안함을 느끼며 고양이가 개의 무리에 섞여 있으면 고통을 느끼게 되는 것과 같습니다.

나이가 어릴 때는 아직 그의 인격적 특성이 분명히 드러나지 않습니다. 그러므로 그가 천국에 속한 사람인지, 지옥에 속한 사람인지 알 수가 없습니다. 그들은 부모나 교사에게 배운 것을 앵무새같이 되풀이하며 흉내 내기 때문입니다.

그러나 나이가 들고 세월이 흐르면 그는 점차로 고유의 성질과 속성이 나타나게 됩니다. 점점 그 성품이 분명해지며 열매가 분명해져서 그의 영적인 소속이 드러나게 되는 것입니다.

어떤 이들은 일생동안 영혼을 훈련하여 경건하고 지혜로우며 온유하고 아름다운 노인들이 됩니다. 그러한 노인들의 주위에는 그들의 입에서 나오는 지혜의 말과 그들이 가지고 있는 사랑의 아름다움과 따스함으로 인하여 젊은이들이 끊어지지 않게 됩니다.

또한 어떤 이들은 일생동안 고집과 욕심으로 살아 분노와 원망, 짜증과 완고함으로 그의 영혼이 굳어져 버린 노인들이 됩니다. 그러한 이들은 잔소리와 푸념과 원망과 악한 말로 사람들을 힘들게 하므로 그들의 말년은 점점 더 고독하게 되는 것입니다.

인생은 영혼을 훈련시키기 위한 좋은 공간입니다. 바로 이 목적을 위하여 우리는 이 땅에 존재하는 것입니다.

그 영혼 훈련의 시작은 좋은 생각을 받아들이는 것입니다. 생각은 비슷한 것끼리 모이고 움직이므로 그가 아름다움과 빛의 생각을 받아들인다면 그에게는 점점 더 많은 빛이 오게 될 것이며 그는 점점 더 환한 빛의 사람이 될 것입니다.

그러나 그가 악함과 어두움의 생각을 받아들인다면 점점 더 많은 어두움의 생각과 어두움의 영들이 찾아올 것이므로 그는 점점 더 지옥에 속한 사람이 되어갈 것입니다.

생각을 하는 것은 에스컬레이터에 오르는 것과 같습니다. 일단 올라타게 되면 중간에 내릴 수 없이 계속 같은 방향으로 가게 됩니다. 그것은 생각이란 동일한 것끼리 모이고 비슷한 방향으로 진행되기 때문입니다.

한번 미움과 판단의 생각을 하다가 갑자기 방향을 바꾸어 사랑과 친절에 대한 생각을 받아들이는 것은 쉬운 일이 아닙니다. 에스컬레이터에 일단 오르게 되면 도중에 거기에서 내리는 것은 쉽지 않은 일입니다.

그러므로 부디 빛의 생각을 받아들이십시오.

빛의 방향을 향하여 계속 전진해 가십시오.

빛에 속하고 주님께 속한 생각들을

계속 사모하고 훈련하십시오.

당신과 동일한 빛의 생각을 하는 이들

빛에 속한 이들을 만나고 사랑하며 교제하십시오.

그 빛에 속한 무리에 속하십시오.

그렇게 동일한 빛의 생각으로 나아갈 때

당신은 점점 더 빛과 천국에 속한 사람이 될 것입니다.

3부 생각의 관용

생각과 마음이 넓지 않고 좁다면
그것은 각종 장애를 일으킬 것입니다.
폭이 좁은 시냇물은
흐르다가 쉽게 길이 막히며
그러면 물이 고이고 썩게 되어
악취가 나게 됩니다.
그러므로 우리는 넓은 마음
넓은 생각을 훈련해야 합니다.
우리가 일상생활에서 겪게 되는
많은 어려움과 부딪힘은
우리의 마음과 생각을 넓히기 위한
주님의 인도하심과 배려이며
이러한 훈련을 통과할 때
우리는 점점 넓은 사람으로
발전해 가게 되는 것입니다.

32. 생각의 변화가 부흥이고
　　행복이며 성숙입니다

　우리가 살고 있는 이 시대는 물질 중심의 시대입니다. 그리하여 물질적인 면에서는 많이 발전하였고 삶이 편리하여졌으나 영적으로는 오히려 낙후되고 어두워졌습니다.
　그래서 이 세대의 사람들은 영적이며 내적인 사고에 익숙하지 않습니다. 사람들은 보이는 것에 민감하여 보이는 것만을 중요하게 여기며, 보이지 않는 세계에 대해서는 잘 이해하지도 못하고 중요하게 여기지도 않습니다.
　그러나 영의 세계는 물질계와 다릅니다. 그래서 눈에 보이는 것, 물질이나 행위보다 눈에 보이지 않는 마음의 상태와 마음의 동기가 더 중요시됩니다.
　똑같은 행위가 있어도 영계에서 중시되는 것은 그 행위의 동기입니다. 똑같은 액수의 헌금을 하고 봉사를 해도 어떤 이는 그 행위로 인하여 상을 얻지 못할 것이며 어떤 이는 상을 얻을 것입니다. 그것은 자신을 드러내기 위하여 행하는 이들도 있고 순수한 마음으로 행하는 이들도 있기 때문입니다.
　똑같은 손으로 사람을 대접해도 그 마음의 동기는 다 다릅니다. 어떤 이들은 의무감으로 인하여 할 수 없이 대접하며, 어떤 이들은 상대에게 잘 보이기 위하여 대접하며, 어떤 이는 상대를 이용하려고 대접하고, 어떤 이들은 상대를 사랑함으로 대접하며 어떤 이들은 주님의 마음으로 상대방을 대접하는 사람도 있습니다.

물질계에서는 이 모든 행위가 동일한 것으로 보이지만, 영계에서는 그 마음의 순수성과 상태에 따라 전혀 다르게 인정이 되는 것입니다.

그러므로 동일한 행위를 하더라도 동기가 달라지면 그것은 변화입니다. 동기와 생각이 아름답게 바뀌면 그것이 바로 성숙입니다.

자기중심적인 동기와 자기중심적인 생각이 아름답고 순결한 동기와 생각으로 바뀔 때 그는 좀 더 높은 영계에 오르는 것이며 영적으로 성숙해가는 것입니다.

교회의 부흥에 대해서도 사람들은 비슷한 오해를 가지고 있습니다. 교회 건물이 커지고 사람들이 많이 모이고 헌금이 많이 쌓이고 유명해지면 그것이 부흥이라고 생각합니다.

그러나 진정한 부흥은 그러한 것이 아닙니다. 외적으로 부흥의 분위기가 있어도 내적인 변화가 동반되지 않는다면 그것은 부흥이 아닙니다.

부흥이란 내적인 마음 상태의 변화입니다. 생각의 변화, 의식 수준의 변화가 참된 부흥인 것입니다.

이기적이며 받기를 좋아하는 사람이 주는 것을 좋아하게 되었다면, 그것은 바로 부흥입니다. 항상 남을 비판하고 험담하는 사람들이 말로서 사람을 섬기게 되었다면, 그것은 바로 부흥입니다. 거칠고 사납고 공격적인 사람들이 내면으로부터 온유하고 겸손해지고 사랑으로 가득하게 되었다면 그것이 곧 부흥입니다. 어떤 사람이 눈에 보이는 것만을 항상 생각하다가 하늘과 영광의 세계를 항상 사모하고 생각하게 되었다면 그것이 곧 부흥입니다.

부흥은 이와 같이 외형의 문제가 아니며 내적인 성질에 달려 있는 것입니다. 그러므로 부흥이란 내면의 변화, 생명의 성숙이며 생각의 변화입니다.

생각이 낮고 어두운 사람은 낮은 영계에 속하여 있습니다. 그는 항상 자기를 위하여 행동하며 자기를 위하여 살아갑니다. 사람을 사랑하는 것도 자기의 유익을 위해서 사랑하며, 친구를 사귀는 것도 자기의 유익을 위해서 사귀며, 결혼하는 것도 자기의 유익을 위해서 결혼하며, 돈을 버는 것도 자기의 유익을 위한 것입니다.

그러한 영혼은 지옥적인 영계에 속하여 있으며 지옥적인 세계에서 살고있는 것입니다. 왜냐하면 자기중심적으로 사는 것이 지옥적인 삶의 기초이기 때문입니다.

이렇게 지옥적인 마음의 상태를 형성하고 사는 사람은 어디에 있든지 하루 종일 스트레스를 받고 화병에 걸리기 쉽습니다. 그것은 그들이 자기중심적이며 희생과 손해를 싫어하고 용서하는 것을 싫어하기 때문입니다.

이는 그들의 영적 수준이 낮기 때문에 겪는 고통이며, 환경이 바뀌고 주위 사람들이 바뀐다고 해도 결코 그들은 마음의 감옥에서 벗어나지 못합니다.

생각이 변화되고 빛에 속한 것으로 바뀐 사람들은 천국에 속한 삶을 살게 됩니다. 그는 주님의 기쁨을 위하여 살며, 다른 사람의 즐거움을 위해서 사는 것을 즐거워합니다. 그는 섬기기 위해서 결혼하고, 남을 기쁘게 하기 위하여 직장으로 출근합니다.

그가 하는 한 가지, 한 가지의 일은 바로 주님을 섬기는 일이며, 가족을 부양하고 섬기는 일이며, 천국에서의 업무입니다.

그가 삶에서 경험하는 어려움과 고통들은 주님을 닮아 가는 영성의 과정이며 하나님의 나라를 위하여 준비되는 훈련입니다.

그는 가난해도 즐겁고 부해져도 행복합니다. 사랑 받아도 행복하고 버림받고 배반당해도 즐겁습니다.

그는 가진 것이 없으므로 남에게 빼앗길 것이 없습니다. 주님께서 마지막 피 한 방울까지 우리에게 주셨듯이 그도 희생하고 주는 것에서 기쁨을 느낍니다.

물건을 팔면서 그는 사람들을 섬기고 천국의 기쁨을 느끼며 직장에서 종이 되어 섬기면서 그는 하늘나라를 경험합니다. 그는 아이를 안아주면서 주님의 환희를 맛보고 아내의 발을 씻기면서 천국의 실상을 경험합니다.

지옥에 속한 사람과 천국에 속한 사람, 그 현저한 차이는 곧 생각의 차이이며 사고방식의 차이인 것입니다.

부흥은 곧 사고방식의 변화입니다. 천국은 생각의 변화입니다. 악한 생각과 자기중심적인 생각에서 주님 중심의 생각, 섬김

중심의 생각으로 바뀔 때 그것이 곧 부흥이며 행복이며 천국이 되는 것입니다.

  부디 당신의 생각이 변화되기를 힘쓰십시오. 행복과 천국은 환경의 변화에서 오지 않고 생각의 변화에서 옵니다. 당신이 생각을 변화시킬 수 있을 때, 당신의 삶은 언제나 천국으로 가득하게 될 것입니다.

33. 시대사조의 오염에서 벗어나십시오

시대사조라는 악령이 있습니다. 이는 참으로 무서운 괴물입니다. 이것은 이 시대에 유행하는 중심 사상이며 이 시대를 사는 모든 사람들의 삶에 기본적으로 깔려있는 가치관입니다.

이것이 참으로 무서운 이유는 사람들이 이러한 분위기 속에서 태어나 그 속에서 자라고 살아왔기 때문에 그러한 사고방식에 깊이 젖어 들어서 너무나 익숙해져있기 때문입니다.

그러한 시대사조의 대표적인 것 중 하나가 '행복의 가장 큰 조건은 돈이다.' 라는 것입니다. 이 시대의 사람들은 일반적으로 돈이 많으면 행복하다고 생각하는 것이 보통입니다. 그런데 과연 그것은 옳을까요?

어떤 사람이 거액의 복권에 당첨된 사람들의 삶을 추적해 보았습니다. 그랬더니 정상적으로 행복한 삶을 영위한 사람은 거의 없었습니다. 그들은 대부분 이혼, 자살, 파산, 타락, 친지, 친구들과의 분쟁 등을 경험하며 비참한 삶을 살고 있었습니다.

이러한 사실은 사람들이 흔히 생각하는 것처럼 돈 자체가 행복을 가져다주는 것은 아니며 자신이 감당할 수 없는 수준의 돈은 오히려 자신의 삶을 파멸시킨다는 것을 잘 보여주는 실례입니다.

예수 그리스도께서 우리를 섬기셨고, 종이 되셨으나 오늘날 사람들은 섬기는 것을 싫어하고 종이 되는 것을 싫어하며 노동의 즐거움을 알지 못합니다. 그래서 일하지 않고, 땀을 흘리지 않고 쉽게 돈을 버는 사람들을 부러워하고 상대적인 박탈감을 가집니다. 이런 것들은 다 생각이 병들어 있는 것입니다.

사람들은 돈을 많이 버는 사람을 능력 있는 사람으로 생각합니다. 돈을 버는 힘이 그의 능력을 판단하는 잣대가 되어서 한 달에 1000만원을 버는 사람은 100만원을 버는 사람보다 더 유능한 사람이라고 생각합니다.

그러나 과연 그럴까요? 돈을 많이 버는 사람은 가장 유능한 사람일까요? 돈이 많다면, 그는 많은 물건들을 살 수 있게 될 것입니다. 그러나 많이 가질 수 있다는 것이 진정한 능력이 되는 것은 아닙니다.

사람이 가지고 있는 능력은 모두 다 다릅니다. 어떤 사람은 상처받은 사람을 잘 위로해 주는 능력이 있습니다. 어떤 사람은 다른 사람의 옆에 조용히 앉아있는 것만으로 그에게 용기와 힘을 줍니다.

어떤 사람은 꽃잎을 보고 창조주의 섬세한 손길을 느끼는 감수성의 능력이 있고, 아이들의 눈동자 속에서 주님의 사랑을 발견하는 능력을 지닌 사람도 있습니다.

어떤 사람은 김치를 담그다가 외롭게 혼자 사는 할머니를 기억해 냅니다. 어떤 면에서 이것도 능력입니다. 어떤 사람은 참으로 절망적인 상황에서 유머를 만들어 내어 다른 사람들의 근심을 덜어주고 마음을 가볍게 만들어 주는 능력이 있습니다.

이러한 모든 능력들은 돈으로 환산되는 것은 아니며 사람들이 알아주는 것도 아닙니다. 그러나 이러한 능력은 삶을 향유할 수 있고 행복하게 만들 수 있는 영적인 힘이며 어떤 면에서 좀 더 가치 있고 의미가 있는 능력인 것입니다.

수입은 적어도 참으로 행복하며, 유능한 사람이 있습니다. 반대로 돈은 많이 벌지만 진정으로 무능하며 비참한 인생을 사는 사람이 있습니다.

만약에 선택을 해야 한다면 우리는 수입이 많지 않더라도 우리와 다른 사람들의 삶을 행복하고 따뜻하게 만들 수 있는 그러한 능력을 더 원하고 구해야 하는 것이 아닐까요. 그것이 이 시대에서 유행하고 사람들의 지지를 받는 생각은 아니라도 말입니다.

우리는 우리를 둘러싸고 있는 시대사조, 유행되는 사고방식에서 벗어나야 합니다. 우리가 알지 못하는 사이에 어느새 우리 속으로 형성되고 있는 시대사상의 오염에서 벗어나야 합니다. 우리는 유행하는 사상에서 벗어나 진정 가치 있고 아름다운 것을 분별하며 구해야 합니다.

성경은 말하기를 진리를 알 때 그 진리가 우리를 자유케 한다고 하십니다. (요8:32) 그러므로 이 시대의 유행하는 사상이 아닌 참된 진리의 생각을 구하십시오. 그 진리의 생각이 우리에게 비춰질 때 우리는 진정 자유하고 행복한 사람이 되어갈 수 있을 것입니다.

34. 좁은 마음을 넓히십시오

생각은 마음을 만듭니다. 좁은 생각은 좁은 마음을 만듭니다. 마음이 좁아지면 사람이 냉정해 지고 여유를 잃어버리게 됩니다. 융통성이 없어지며 자신의 좁은 잣대로 사람들을 판단하게 됩니다.

그는 자신과 의견이 다른 사람을 싫어하게 됩니다. 다른 이들을 받아주지 않습니다. 그러므로 그는 점점 더 고독해지고 마음이 답답하고 괴로워집니다.

참된 신앙은 진리를 추구하고 그 영혼의 수준을 높이고 발전시키는 것입니다. 말씀의 진리를 깨닫고 주님을 실제적으로 알아 가는 사람은 점점 더 마음이 깊어지고 넓어지게 됩니다.

그러나 현실을 보면 오래 믿은 사람일수록 생각과 마음이 좁고 너그럽지 못하며 융통성이 없는 모습을 많이 보게 됩니다. 그것은 아직 진정한 믿음의 세계가 열렸다고 할 수 없습니다.

오늘날 많은 그리스도인들이 배타적이고 관용이 부족합니다. 그리하여 쉽게 남을 판단하고 정죄하는 경향이 많습니다. 이상하게도 열심히 신앙생활을 하는 이들이 의외로 마음이 좁고 생각이 좁은 경우가 많이 있습니다.

같이 하나님을 믿고, 성경을 하나님의 말씀으로 믿으며, 주님을 구주와 주님으로 알고, 또 수많은 공통점이 있어도 아주 사소한 몇 가지의 견해차이 때문에 서로 미워하고 이단시하는 경우도 참 많습니다. 한 교회 안에서도 많은 갈등들이 있습니다.

교회 안의 피아노 위치를 바꾸다가 두 파로 나뉘어 싸우다가 갈라진 교회도 있으며 예배순서에서 헌금하는 순서를 바꿨다고 갈라진 교회도 있습니다. 아주 사소한 것들, 본질적인 것이 아닌 것에도 이들은 서로 용납하지 못하는 것입니다.

오늘날 참으로 사소한 문제로 싸우는 그리스도인들이 많이 있습니다. 참으로 사소한 문제로 기분이 상하는 그리스도인들이 많이 있습니다. 그것은 진리에 속한 싸움이 아닙니다. 그것은 의를 위하여 받는 핍박이 아닙니다. 그것은 마음이 좁고 생각이 좁은 것입니다. 이런 기독교는 수준이 너무 낮거나 주님과 거의 상관이 없는 것입니다.

우리는 진정한 그리스도인이 되기 위하여 생각을 넓혀야 합니다. 좁은 마음을 넓혀야 합니다. 본질적인 문제가 아닌 것에 우리는 넓고 여유 있는 마음을 가져야 합니다.

부디 당신과 다른 의견을 가지고 있는 이들을 존중하고 사랑해주십시오. 견해가 틀려도, 기질이 틀려도, 우리는 서로 사랑할 수 있습니다.

당신을 비난하는 사람에 대하여 분노하지 마십시오. 불교인이나 무신론자에 대해서도 사랑하고 존중하는 태도를 가지십시오. 그들의 이야기를 겸손하게 들으며 그들을 결코 마귀 취급하지 마십시오.

구원자는 오직 주님뿐이지만, 그러나 그 진리를 전하는 방법은 매우 관용적이며 겸손해야 합니다. 불신자를 사랑하지 않는 한 우리는 결코 그들을 주님께로 인도할 수가 없습니다.

좁은 마음과 좁은 생각은 진정 고독하고도 비참한 감옥입니다. 생각이 좁은 사람은 친구를 가질 수 없으며 외로움의 감옥 속에서 슬픈 인생을 살아가야 합니다.

부디 당신의 마음을 넓히십시오.
당신의 생각을 넓히십시오.
주님께서 당신을 용납하셨듯이
당신도 다른 이들에 대해서 넓은 마음을 가지십시오.
다른 사람의 잘못과 실수를
너그러운 마음으로 용납해주십시오.
주님은 모든 만물과 모든 사람을 지으셨으며
그 모든 것들을 아름답게 보시며
모든 사람들을 사랑스럽게 여기십니다.
그 주님의 마음을 당신이 품을 때
당신은 넓은 마음을 가진
행복한 사람이 될 수 있을 것입니다.

35. 좋은 생각은 생기 에너지를 발산합니다

생각은 에너지이며 실제적인 힘입니다. 그것은 분위기와 기운을 형성합니다. 어떤 사람이든 그 사람이 가지고 있는 고유한 분위기와 흘러나오는 파장이 있습니다. 그 파장과 기운은 그 사람이 가지고 있는 생각의 종류와 내용을 따라 형성되는 것입니다.

밝고 건강하며 아름다운 생각을 하고 있는 사람은 그 사람 자신과 주변에 아름답고 사랑스럽고 따뜻한 분위기를 형성합니다. 그것은 사람의 기분을 즐겁게 해줍니다.

그러므로 그의 주변에는 많은 사람들이 모이며 그와 대화를 나누거나 그의 주변에 앉아 있기만 해도 사람들은 신선한 느낌과 행복감을 느끼며 생기를 얻고 돌아가는 것입니다.

그러나 이와 반대로 우울하고 비관적이며 날카롭고 공격적인 생각을 하고 있는 사람들은 항상 그의 주변에 어둡고 침침하고 우울한 에너지와 분위기가 형성됩니다.

이런 사람들의 옆에 있거나 대화를 나누게 되면 사람들은 자신이 가지고 있는 생기와 즐거움의 에너지를 빼앗기게 되어 우울해지고 마음이 불쾌해지며 생기를 잃어버리게 되는 것입니다.

그러므로 사람들은 이러한 어두움의 분위기를 가지고 있는 사람들을 피하게 됩니다. 오직 비슷한 분위기를 가진 사람들만이 이러한 사람들의 옆에 모일 수 있습니다.

자신이 항상 외로우며 아무도 자신을 좋아하지 않는다고 느끼는 사람들은 자신이 가지고 있는 에너지와 분위기를 돌아보아야 합니다. 자신이 하고 있는 생각의 내용들을 살펴보아야 합니다.

고독한 사람에게는 항상 이유가 있으며 그의 안에 사람들을 쫓아내는 어떤 요소를 가지고 있는 것입니다.

그 요소는 바로 어두운 생각입니다. 날카롭고 공격적이거나 어둡고 비뚤어지고 자학적인 생각입니다. 그러한 생각을 하고 있는 사람들은 그들의 마음과 영혼이 어둡기 때문에 항상 어두움을 끌어당기고 있는 것입니다. 그러므로 사람들은 이들을 피하게 됩니다. 이러한 사람들은 자신의 생각과 분위기를 바꾸고 그 어두움 속에서 나와야 만이 지독한 외로움에서 벗어날 수 있게 될 것입니다.

영혼이 맑고 예민한 사람은 쇼핑센터나 백화점과 같은 곳이나 사람들이 많이 모여 있는 곳이나 시끄러운 곳에서는 금방 생명의 탈진을 느끼고 고통스러워하게 됩니다. 그것은 그런 곳에는 탐욕의 기운이나 악한 에너지가 많이 작용하므로 순수한 영혼은 그러한 분위기가 견디기 어렵기 때문입니다.

이러한 사람들은 속히 그러한 장소를 벗어나 고요하고 깊은 기도의 공간에서 하나님의 임재를 경험하고 다시 순수한 생기를 얻게 되는 것입니다.

우리는 아름다운 생각과 기도를 훈련함으로 우리의 에너지가 신선함과 부드러움과 아름다움으로 가득하게 해야 합니다.

항상 기도하고 주님을 바라며 주님의 임재로 채워져야 합니다. 맑고 순결한 생각을 통하여 우리의 몸과 마음과 분위기가 따뜻함과 생기로 충만한 상태를 유지해야 합니다.

우리가 그러한 생기의 파장으로 가득할 때 우리는 다른 사람들에게 생기와 즐거움을 공급할 수 있습니다. 그것은 사람들에게 휴식과 기쁨을 줄 것입니다.

오늘날 가르치려고 하고 훈계하려는 이들은 많지만 생기와 기쁨을 공급하는 이들은 많지 않습니다.

사람들은 엄숙하고 우울한 표정으로 많은 것을 가르치고 설교하는 이들에게 힘을 얻지 않습니다. 그들에게는 생기와 아름다움이 없기 때문입니다. 그러나 신선한 생기와 기쁨을 가지고 있는 이들은 사람들에게 가르치지 않고 훈계하지 않아도 사람들의 영혼에 많은 빛과 생명과 기쁨을 줄 수 있습니다.

부디 당신이 그러한 사람이 되십시오. 기도를 훈련하고 주님의 임재를 경험함으로 생명의 분위기가 넘치는 사람이 되십시오.

아름답고 맑고 순결한 생각, 희망의 생각을 통하여 따뜻한 분위기와 치유의 광선을 발하는 그러한 사람이 되십시오.

당신이 그러한 사람이 되어갈수록 당신은 사람들에게 둘러싸이게 되며 그들에게 천국의 통로로서 기쁨과 사랑과 희망을 공급할 수 있게 될 것입니다.

36. 종교적 아집만큼 무서운 것이 없습니다

광신은 참으로 두려운 것입니다. 사람이 일단 맹목적인 신앙에 빠지면 거기에는 가족도, 사회도, 친구도, 직업도 소용이 없습니다. 참 신앙의 정신인 사랑, 용서, 섬김, 관용도 전혀 찾아볼 수 없습니다.

나는 이러한 잘못된 신앙 때문에 극심한 피해를 입은 가족들을 많이 보았습니다. 그들은 선하고 성실하던 가족이 이상한 종교에 빠져서 갑자기 날카롭고 공격적이고 극단적인 사람이 되어버린 것에 기가 막혀 하곤 했습니다. 그것은 정말 비극적이고 가슴 아픈 일이었습니다.

어떤 사람이 자기는 진리 쪽에 있으며, 자기가 속한 곳만이 바른 진리이며, 자기는 이를 위해서 어떠한 희생도 각오하겠다고 마음먹고 있다면 그것은 말릴 재간이 없습니다. 그러한 그의 모습을 사랑하고 용납하여 극단에 빠지게 된 그의 마음을 치유하고 바른 정신으로 돌아올 때까지 기도하며 기다리는 것 외에는 다른 방법이 없는 것입니다.

신앙은 참된 진리를 추구하는 것이며 사랑과 덕을 발전시키는 것입니다. 그리고 그것은 길이요, 진리 되시는 주님을 알아감으로써 이루어지는 것입니다. 그러나 유감스럽게도 역사는 기독교를 포함하여 종교의 관용을 별로 보여주지 못하였습니다.

　종교전쟁으로 인하여 죽은 사람들의 숫자는 제2차 세계대전을 통하여 죽은 사람들의 숫자보다도 훨씬 더 많았습니다. 이슬람은 칼과 정복전쟁을 통하여 그들의 종교를 확장시켰습니다. 기독교도 크게 다를 것이 없었습니다. 몇 백 년 동안의 신 구교 전쟁으로 엄청난 숫자의 사람들이 죽었고, 1618년에서 1648년에 이르는 독일의 30년 전쟁에서도 단순한 교리의 차이점 때문에 일어난 엄청난 살상으로 인하여 독일 사람의 인구가 현저하게 줄어들었습니다.

　11세기경에 있었던 4차에 이르는 십자군에서는 주님의 이름으로 많은 부녀자들, 유대인들에 대한 학살과 만행이 있었습니다. 신대륙의 발견 이후 - 사실 백인들의 입장에서 신대륙이었지, 원주민의 입장에서는 힘이 없어서 조상 대대로 살아오고 있던 자신들의 땅을 뺏기고 쫓겨난 것에 불과했지만 - 백인들은 원주민들에게 형식적으로 복음을 전하면서 황금을 캐기 위해 그들을 끌고 다녔습니다.

　그러한 배경에서 이런 이야기도 전해집니다. 어떤 마을의 추장이 끝까지 복음을 받아들이는 것을 거부했고, 결국 그에게 사형이 선고되었습니다. 온 마을의 주민들을 모아놓고 그를 목매달기 전에 백인들은 마지막으로 그에게 한 번 더 기회를 주었습니다. 그러나 그는 그것을 거부하고 목 매달리며 이런 말을 남겼습니다.

　"나는 죽어도 너희들이 전하는 예수를 믿지 않겠다. 너희들이

전하는 예수를 믿으면 죽어서 너희들이 간다는 천국이라는 곳에 간다는데, 나는 죽어서도 너희들이 있는 곳에서는 살고 싶지 않다."

이것은 부끄러운 역사입니다. 물론 모든 사람들이, 모든 백인들이 항상 이런 식으로 복음을 전하지는 않았을 것입니다. 그러나 신앙의 교리는 알고 있으나 신앙의 정신인 사랑과 관용을 알지 못했던 이러한 부류의 맹신자들로 인하여 인류는 너무나도 많은 대가를 지불했습니다. 하나님의 보내신 선지자들을 죽인 것도 다 종교인들이었고 주님을 십자가에 못 박게 한 것도, 그의 제자들을 죽인 사람들도 다 종교인들이었습니다.

오늘날의 문명화된 사회에서는 종교의 차이로 서로 죽이는 일은 보기 힘들어졌습니다. 그러나 의견이나 신조의 차이 때문에 마음으로 살인하는 것, 즉 서로 미워하고 용납하지 않는 것은 그리 달라진 것 같지 않습니다.

주님께서는 종교적 아집과 위선적이고 경직된 신앙체계를 통렬하게 꾸짖으셨습니다. 그러다가 기성 종교인들의 미움을 받아 십자가에서 죽으셨습니다.

물론 그분은 우리의 죄를 위하여 죽으신 것이지만 그러한 경로를 통하여 돌아가신 것입니다.

오늘날의 모습에서도 종교적인 자기 확신과 아집으로 인하여 벽이 생기고 분파가 생기며 서로 미워하는 것을 많이 볼 수 있습니다. 이것은 영혼의 진보와 사랑의 발전이라는 참 믿음의 목표에서 얼마나 멀어져 있는 것인지요!

우리는 종교적인 아집에서 벗어나야 합니다. 그것은 정말 무서운 것입니다. 그것은 수많은 사람들을 죽였으며 그러한 살인과 미움을 합리화시켰습니다. 가장 비종교적으로 살고 비종교적으로 행하면서도 그것이 바른 행동이라고 생각하게 했습니다.

우리는 반드시 내가 옳다는 생각을 버려야 합니다. 자신이 틀릴 수 있으며 실수할 수 있다는 사실을 인정해야 합니다.

실제적인 신앙에 눈이 열릴수록, 영혼의 진보가 이루어질수록 우리의 생각은 자유로워지게 될 것입니다. 우리는 우리의 생각을 다른 이들에게 강요하지 않게 될 것이며 우리에게 동의하지 않는다고 해서 다른 이들을 미워하지 않게 될 것입니다. 우리는 형식과 아집의 묶임에서 우리들은 점점 벗어나게 되며 따뜻하고 자연스러운 어린아이와 같은 사람으로 변화될 것입니다.

부디 신앙의 확신과 생각의 확신과 종교적인 아집에서 벗어나십시오. 벗어나면 벗어날수록 우리는 생각의 감옥과 아집의 감옥에서 풀려 나와 따뜻한 사랑의 삶을 살 수 있게 될 것입니다.

많은 다양한 사람들을 용납하고 사랑하며 서로 교통할 수 있을 것입니다. 아집이 아닌 부드러움과 따뜻함과 자연스러움 속에서 살아갈 수 있게 될 것입니다.

37. 분노를 근본적으로 처리하십시오

억울한 일을 당하거나 불쾌한 일을 만났을 때, 우리는 분노의 감정에 사로잡히기가 쉽습니다. 이럴 때 어떤 이들은 그 분노의 감정을 억누르려고 합니다. 기분이 좋지 않지만 억지로 참으려고 합니다.

그러나 그것은 마치 용수철을 힘으로 누르는 것과 같습니다. 시간이 지날수록 용수철은 피곤하지 않지만, 용수철을 누르는 손은 피곤해 집니다. 결국 용수철은 위로 튀어 오르게 됩니다. 그와 같이 억지로 눌렀던 분노의 감정은 다시 튀어 오르게 되어 엉뚱한 사람에게 분노의 화살이 갈 수도 있는 것입니다.

그렇게 억지로 분노를 누르고 있는 순간에도 그 분노의 독소는 온 몸에, 혈관 속에, 세포 속에 스며들게 되어 자신의 몸과 영혼을 망치게 됩니다. 그러므로 억지로 분노를 누르는 것은 좋은 방법이 아닙니다.

어떤 이들은 그 분노를 참고 속으로 누르는 대신에 밖으로 표출합니다. 참고 있는 것은 속이 답답하기 때문입니다. 마음속에 나쁜 감정을 품고 있는 것은 정신 건강에 해롭기 때문에 그것을 밖으로 내 보내라고 권하는 이들도 있습니다.

그러나 그것도 별로 좋은 방법은 아닙니다. 그것도 근본적인 문제의 해결은 아닙니다.

작년에 우리 집이 지금 살고 있는 집으로 이사를 왔을 때의 일입니다. 그 날 아직 짐이 정리되지 않은 상태여서 집은 아수라장의 상태에 있었습니다. 나와 아내는 열심히 집을 정리하고 있었는데 초등학교 5학년인 아들 주원이는 자기 방은 자기가 정리를 하겠다고 제안했습니다.

아내와 나는 기특해서 허락을 했는데, 주원이가 방을 깨끗하게 정리하는 방법은 아주 간단한 것이었습니다. 이 녀석은 자기 방에 있는 모든 지저분한 것들을 모조리 바깥으로 던져버리는 것이었습니다.

그러자 아들의 방은 곧 깨끗해졌고, 거실은 당연히 훨씬 더 지저분해 졌습니다. 자기의 방은 곧 정리가 되었지만 집 전체적으로는 별로 도움이 되지 않았던 것입니다.

이것이 바로 분노를 밖으로 표출해서 문제를 해결하기 원하는 사람들의 방식입니다. 그들은 자신의 마음만 편안하면 다른 사람은 상처를 받든 말든 별로 상관이 없다고 생각하는 것입니다.

그들은 '나는 마음에 있는 말은 해 버려야지, 꽁해서는 못살아!' 하면서 모든 악들을 토해냅니다.

그러나 그것은 어리석은 태도입니다. 왜냐하면 사람의 마음은 겉으로는 분리되어 있는 듯이 보이지만 내면적으로는 모두 서로 연결되어 있기 때문입니다.

그러므로 남의 마음을 아프게 하는 것은 결국은 자기 자신을 해롭게 하는 씨를 심는 것이며 언젠가는 그 열매를 거두게 되는 것이 영적 세계의 법칙이기 때문입니다.

좀 더 성숙한 사람은 상대의 마음을 상하게 하지 않고, 상대의 책임을 추궁하지 않으면서 자신의 아픈 마음을 자연스럽게 표현할 수도 있을 것입니다.

분노를 마음속에 품지 않고 또한 바깥으로 폭발하지 않고 자연스럽게 해결할 수 있는 방법은 무엇일까요?

그것은 주님의 시각으로 문제와 상황을 보는 것입니다.

이 우주 안에서는 하나님의 허락 없이 우리에게 주어지는 일은 없습니다. 또한 우리에게 다가오는 일 중에서 우리의 영적 진보를 위하여 필요하지 않은 것은 없는 것입니다. 그러므로 물질적인 시각과 근시안적인 관점에서 보면 우리가 겪는 일이 손해이며 불필요하게 겪는 고통일 것입니다. 그러나 그것들이 우리에게 온 이유를 우리가 바르게 깨닫게 된다면 그것은 우리의 영적 성장에 도움이 될 것입니다.

우리는 문제에 부딪혀서 분노하기 전에 이러한 질문을 하는 것이 필요합니다.

왜 주님께서 이러한 상황을 허락하셨는가?

이것을 통해 주님께서 가르치시는 것은 무엇인가?

나는 무엇을 배울 수 있는가?

나는 무엇을 반성해야 하는가?

내가 어떻게 반응하는 것을 주님이 원하시는가?

이런 식의 질문을 기도하면서 주님께 드리면, 대부분의 경우 주님은 깨달음을 주십니다. 우리가 알아야 할 것들에 대해서, 문제가 우리에게 다가온 이유에 대해서, 우리가 잘못한 것, 반성해야 할 것에 대해서 주님께서 우리에게 깨달음을 주시는 것입니다.

기도가 끝난 후 우리의 생각은 달라집니다. 조금 전까지 화가 나고 속이 상하던 것이 오히려 마음에 감사가 되고 기쁨이 되어 주님께 찬양을 올려드리게 됩니다.

그리하여 우리는 분노를 억누르지도 않고, 폭발하지도 않으면서 마음의 변화를 받아 문제를 기뻐하고 상대방을 불쌍히 여기며 분노의 에너지를 사랑의 에너지로 전환시킬 수 있는 것입니다.

모든 고통과 문제들은 영적 성장의 기회입니다.
우리를 화나게 하는 많은 문제들이
바로 하나님의 훈련입니다.
그러므로 함부로 화를 내지 마십시오.
분노를 마음속에 쌓아두지 말며
그것을 주위에 있는 사람들에게 함부로 쏟지 마십시오.
기도하며 조용히 생각할 때
당신의 마음은 바뀌게 될 것이며
당신은 한 걸음씩 좀 더 성숙한 사람으로
성장해갈 수 있을 것입니다.

38. 사랑성과 공격성이 조화되게 하십시오

　자석의 S극과 N극이 서로 같은 극끼리는 끌어당기고 다른 극끼리는 밀어내는 성질을 가지고 있는 것처럼 사람도 끌어당기는 성질과 밀어내는 성질을 가지고 있습니다.
　끌어당기는 성질을 사랑의 속성이라고 이해할 수 있습니다. 이것은 자신과 다른 것을 부드럽게 끌어당기며 서로 잘 연합하는 성질을 가지고 있습니다.
　밀어내는 성질은 자신을 방어하는 에너지이며 자신을 지키기 위해서 상대방을 공격하는 성질을 가지고 있습니다. 이것은 자신을 방어하기 위한 것입니다.
　사람뿐만 아니라 동식물과 자연의 모든 것들이 이런 두 가지 성질을 가지고 있습니다. 공격하고 방어하는 성질을 통하여 자신의 고유성을 지키며 사랑하는 성질을 통하여 자신을 확장해 가는 것입니다.
　만약 어떤 존재가 바깥의 것을 밀어내고 방어하는 속성을 가지고 있지 않다면 그는 자신의 존재를 유지할 수 없을 것입니다. 또한 그 존재가 바깥의 것을 끌어당겨 새로이 자신을 확장하는 기능을 가지고 있지 않다면 그는 발전할 수 없고 항상 똑같은 모습만을 가지게 될 것입니다.

사람도 이 두 가지 성질을 가지고 있습니다. 그런데 어떤 사람은 끌어당기는 사랑의 성질을 많이 가지고 있습니다. 또한 어떤 사람은 자신을 방어하는 성질을 많이 가지고 있습니다.

끌어당기는 에너지를 많이 가지고 있는 이들은 쉽게 남을 포용해줍니다. 그러므로 다른 사람들은 그들의 옆에 가만히 있기만 해도 마음이 즐거워지고 편안해지게 됩니다.

이러한 성질을 가지고 있는 사람들은 약점이 많은 사람도, 남들이 싫어하는 사람도 그냥 받아줍니다. 어떤 실수를 해도 그들은 별로 나무라지 않습니다. 그것은 그들에게 사랑의 에너지, 상대를 받아들이는 성질이 많이 있기 때문입니다. 그리하여 사람들은 이러한 이들을 좋아하며 그들은 항상 사람들에게 둘러싸이게 됩니다.

반면에 어떤 사람들은 방어하는 성질과 공격하는 성질이 많습니다. 그들은 매우 꼼꼼하고 정확합니다. 이들은 쉽게 자신을 열지 않으며 자신과 다른 것을 잘 받아들이지 않습니다. 그래서 이들은 잘 변화되지 않습니다.

이들은 다른 사람들의 약점과 문제점에 아주 민감합니다. 그들은 다른 사람들의 잘못과 약점을 잘 견디지 못합니다. 그러므로 이들은 완벽을 추구하며 다른 사람들을 피곤하게 합니다. 이들에게는 보이는 것마다 못마땅한 것뿐입니다.

당연히 그들에게는 별로 사람이 오지 않습니다. 그들의 말은 항상 옳으며 이들은 매사에 정확하고 일에 유능한 사람이지만 사람들은 그를 가까이 하지 않습니다.

어떤 사람이 상처받고 실패하였을 때, 그들은 그가 왜 실패하고 잘못되었는지 정확하고 예리하게 분석하고 가르칩니다. 그러나 그 사람을 이해하고 같이 울거나 안아주지는 않습니다. 그러므로 상처받은 사람은 그들에게 다시는 가지 않습니다. 이러한 사람들은 항상 외롭고 고독합니다. 그들은 언제나 옳지만 냉정하기 때문에 고독한 삶을 보냅니다.

사랑의 성질과 방어하고 공격하는 성질은 사람의 성장에 둘 다 필요한 것입니다. 사랑 에너지는 생명에 속한 것으로서 영혼의 성장에 필요한 것입니다. 공격 에너지는 진리에 속한 것으로서 일과 사역에 필요하며 정확하고 예리한 성질을 가지고 있습니다.

사랑 에너지만 많으면 사람은 따뜻하고 행복하기는 하지만 일에 있어서 유능하고 정확하지 못합니다. 그러나 공격 에너지, 진리 에너지만 있으면 삶의 누림과 만족이 없습니다.

우리는 사랑과 공격에 대해서 균형을 이루는 것이 필요합니다. 그리고 그것이 곧 성숙인 것입니다.

우리는 사랑의 속성을 발전시켜야 합니다. 아무나 아무 것이나 함부로 사랑해서는 안 됩니다. 사랑은 우리와 다른 대상을 연합시키기 때문입니다. 또한 방어와 공격의 속성을 발전시켜야 합니다. 함부로 남을 비난해서도 안 됩니다. 또한 우리 자신을 비난해서도 안 됩니다.

부디 사랑과 공격의 속성이 조화되고 발전되게 하십시오.

따뜻한 사랑의 마음과 생각을 가지며 또한 정확하고 분명한 생각을 유지하십시오. 이것을 때와 상황에 맞게 사용하십시오.
 당신이 마음과 생각을 잘 관리할 수 있을 때 당신은 때에 따라 사랑의 사람도, 진리의 사람도 될 수 있을 것입니다.

39. 자신을 너그럽게 대하십시오

모든 사람은 정도의 차이는 있지만 공격성을 가지고 있습니다. 공격 에너지를 가지고 있습니다.

이 공격 에너지는 두 가지 방향으로 움직입니다. 하나는 바깥쪽으로 작용하며 남을 공격하는 것이고, 다른 하나는 안으로 작용하여 자기 자신을 공격합니다.

주로 남을 공격하는 이들은 자신을 공격하지 않습니다. 그들의 공격성은 바깥으로만 움직입니다. 남의 잘못과 약점에 대해서 비난하기를 좋아하는 사람들은 자신의 잘못이나 약점에 대해서 거의 이야기하지 않으며 인정하지 않습니다. 이들은 원망과 분노가 많이 있습니다.

자신을 많이 공격하는 이들은 거의 다른 사람들의 잘못이나 약점에 대해서 말하지 않으며 자신의 잘못과 죄에 대해서만 말하고 생각합니다. 이들은 다른 사람이나 환경에 대한 원망보다는 자신에 대한 무력감이나 죄책감이 많습니다.

영적으로 어린 사람일수록 남을 많이 공격하고 자신은 거의 공격하지 않습니다. 자신에게는 매우 관대합니다. 이런 사람은 자기 방어를 위한 변명이나 자기 합리화에 철저합니다.

그러나 이런 사람은 오랜 시간이 지나도 성장이 어렵습니다.

자신의 잘못에 대하여 반성하지 않으며 자신의 결점을 수정하지 않는 이들이 발전해간다는 것은 어려운 일입니다.

조금 성장한 사람은 다른 사람에 대하여 관대하지만 자기 자신에 대해서는 매우 엄격합니다. 이것은 첫째 유형의 사람들보다는 조금 성장한 모습이기는 하지만 이러한 것이 항상 옳다고 할 수는 없습니다.

타인에 대한 공격 에너지는 보통 미움과 적대감으로 발전하게 되며 자신에 대한 공격 에너지는 죄책감으로 발전하게 됩니다. 사람은 본능적으로 이기적이므로 자기를 깨뜨리기 위하여 영적 성장의 초기에는 이런 죄책감이나 고통이 필요할 것입니다. 그러나 어느 정도 영적으로 성장한 후에 우리는 타인에 대해서도 그렇지만 자신에 대해서도 관대해지는 것을 배워야 합니다.

모든 성장에는 시간이 필요합니다. 아이는 돌이 지나야 걸을 수 있고, 태어난 지 100일이 되어야 낮 밤을 구분하고 목을 가누며 4개월이 되어야 뒤집고, 6개월이 되어야 이빨이 한 개씩 생깁니다.

아무리 윽박질러도 3개월 된 아기가 걷지는 못합니다. 기지도 못하는 아이에게, '아가야.. 신문을 가져오너라.' 하고 심부름을 시킬 수는 없습니다.

마찬가지로 영적인 어린아이가 분노를 끊으려고 마음먹고 결단하고 금식한다고 해서 쉽게 끊어지는 것이 아닙니다. 성적 유혹이나 교만이나 욕심, 우유부단한 성품이나 악한 습관 등이 그렇게 쉽게 해결되어 지는 것이 아닙니다.

그러므로 수 없이 많이 넘어졌다고 해서 우리는 실망할 필요가 없습니다. 우리는 자신을 바보 같은 사람이라고 자책하며 나쁜 사람이라고 욕해서는 안 됩니다. 스스로 벌하는 것은 좋은 일이 아닙니다.

어차피 버린 몸이라고 생각해서는 안 됩니다. 그렇게 실수하면서 우리는 자라가기 때문입니다.

어린아이가 어설프게 걷다가 넘어져도 아무도 그를 비난하지 않습니다. 이것은 영적 성장도 마찬가지입니다. 영적 성장은 평생에 걸쳐 이루어지는 것입니다. 당신이 좀 더 자라면 자랄수록 당신은 죄를 다루고 자신의 마음과 생각을 다루는 것이 좀 더 쉬어질 것입니다.

당신의 공격성이 지나치지 않게 하십시오. 남과 자신에게 상처가 되지 않게 하십시오. 부디 너그럽고 여유 있는 마음을 가지십시오.

다른 사람을 너그럽게 대하며 또한 당신 자신을 너그럽게 대하십시오. 자신에게 너무 많은 것을 기대하고 요구하지 마십시오. 당신이 자신에게 너그러워질수록 당신은 삶을 향유할 수 있으며 다른 사람에게도 좀 더 많은 애정을 줄 수 있게 됩니다.

실수를 하고 낙담해 있는 영적인 후배들에게 '괜찮아, 별 것 아니야. 나도 그랬었거든..' 라고 말하며 손을 잡아줄 수 있을 것입니다.

자신을 정죄하는 생각을 물리치십시오.

죄책의 생각을 물리치십시오.

당신을 향한 주님의 완전한 사랑과 은총을 받아들이십시오.
당신이 당신을 정죄하지 않을 때
당신의 생각이 자기에게 너그러워질 때
당신은 좀 더 자유로운 삶을 살 수 있게 될 것입니다.

40. 비판받는 것을 두려워하지 마십시오

대부분의 사람들처럼 나도 비판받는 것을 좋아하지 않았습니다. 나도 남을 비판한 적이 많이 있었습니다. 그러나 막상 내가 남들에게 비판을 받으면 마음이 쉽게 상했습니다.

나중에 나는 내가 남을 비판하면 언젠가는 그것이 내게로 되돌아오는 법칙이 있는 것을 알게 되었습니다. 그 다음에는 비판하는 것을 아주 조심하게 되었습니다. 그러나 내가 전에 알지 못했을 때에 함부로 사람들을 비판했던 분량이 아직 쌓여있는 듯, 여전히 비판을 받을 때가 많았습니다.

열심히 설교를 하고 탈진한 상태에서 나의 설교의 잘못된 부분에 대해서 들을 때가 있었습니다. 그것은 몹시 마음이 아픈 일이었습니다. 설사 그러한 말들이 모두 옳다고 해도 그것은 내게는 바늘같이 느껴졌고 몹시 슬펐습니다. 그리고 나의 무능함과 부족함과 이런 사소한 것에 상처받는 나의 마음이 너무 싫었습니다.

시간이 흐르고 주님의 은총을 경험하면서 나는 나를 아프게 하는 모든 고통들이 나의 성장을 위해서 내게 오는 것이라는 사실을 알게 되었습니다.

그것은 내가 배우고 반성을 해야 할 어떤 요소 때문에 오는 것이라는 사실을 알게 되었습니다. 내가 아프고 찔리는 것이 싫어서 나의 몸을 웅크리고 있다면 고통이 사라지는 것이 아니라 오히려 더 많은 고통과 문제들이 오는 것을 나는 알게 되었습니다.

주님의 은총으로 나는 차츰 날카로운 말에도 익숙해 졌고 그러한 비판에도 별로 아프지 않게 되었습니다. 그것은 나에게 있어서 놀라운 변화였으며 자유함이었습니다.

언젠가 여름 수련회 집회에서 나는 3일간 금식을 하면서 집회를 인도한 적이 있었습니다. 주님께서 역사 하셔서 많은 놀라운 역사들이 있었습니다. 주님의 운행하심이 폭풍우처럼 몰아쳤고 묶여있던 영들은 해방되었으며 좌중에는 눈물과 사랑의 고백과 감격이 있었습니다.

하지만 집회가 끝나자 나는 완전히 탈진해서 몸을 가누기조차 힘들었습니다. 그 때 한 남자 집사님이 위로의 말을 건넸습니다.

"목사님. 참 힘드시겠습니다. 그렇게 금식을 하시면서도 강단에 서시기만 하면 서너 시간을 온 힘을 다 쏟아 부으시니.."

나는 그의 위로가 몹시 감사했습니다. 그러나 다음 순간 바로 옆에 계시던 여집사님이 말을 받았습니다.

"아이고.. 목사님이야 성령님께 사로잡혀 있는 데 뭐가 힘이 드시겠어요. 앉아 있는 우리가 힘이 들지.."

그것은 아픈 말이었습니다. 탈진한 사역자에게 그러한 말은 몹시 잔인하게 들리는 것입니다. 왜냐하면 아무리 주의 영이 역사하셔도 몸은 여전히 피곤하며 그것이 회복되기까지는 어느 정도 시간이 필요하기 때문입니다. 하지만 나는 그 순간 놀랬습니다. 그 집사님의 말이 전혀 내게 아픔이 되지 않았던 것입니다. 아마 전 같으면 나는 마음이 많이 아팠을 것입니다.

나는 주님의 풍성한 역사로 인하여 나 자신이 조금 들떠있는 것을 느꼈습니다. 그러므로 이런 예리한 말은 나를 돌아보고 조심할 수 있는 기회라고 생각할 수 있었습니다.

또한 나는 나의 과거를 반성해보게 되었습니다. 아마 나도 전에 이런 말을 한 적이 있었을 것입니다. 내가 심지 않은 것이 내게로 돌아오는 일은 없기 때문입니다.

우리가 어떤 아픔을 겪는 것은 우리가 과거에 상대방에게 비슷한 종류의 아픔을 주었기 때문일 때가 많습니다. 왜냐하면 우리는 직접 겪어보지 않고는 그것이 상대방에게 얼마나 고통이 되었는지를 잘 알 수 없기 때문입니다.

전에 같으면 상처를 받았겠지만 나는 이제 그것을 반성의 기회로, 성장의 도구로 사용할 수 있었습니다. 그것은 몹시 행복한 일이었습니다.

사역을 하면서 겪었던 많은 아픈 일들, 억울한 비난들은 돌이켜보면 나의 성장을 위한 좋은 자료였습니다. 몹시 사랑하던 사람들로부터 공격을 받는 것이 결코 쉬운 일은 아니었지만, 그리고 항상 시험에 꿋꿋이 서 있었던 것은 아니었지만, 그러한 경험들은 내게 많은 유익을 주었던 것입니다.

영적인 시각으로 보면 사랑과 친절과 위로의 은혜를 베푼 사람들 보다 우리의 가슴을 많이 찢어놓은 사람들이 진정 우리를 성숙시키며 발전하도록 도와준 은인이 되는 것입니다.

오래 동안 셋집을 전전하다보니 까다로운 주인을 여러 번 만나게 되었습니다. 그리고 이 경우에도 친절한 주인보다 까다로운 주인이 우리의 영적 성장에 도움이 되는 것을 느낄 수 있었습니다.

어떤 주인아주머니는 우리 집에 아이들의 친구들이 놀러오면 시끄럽다고 밖으로 쫓아내기도 하였습니다. 세상에! 그 사랑스러운 아이들을 말입니다.

이분은 사소한 일에도 잔소리가 많은 분입니다. 주차 문제 때문에 이웃과도 많이 싸워서 평판이 별로 좋지 않습니다. 그러니 친구가 없어서 마음이 많이 외롭겠지요.

까다로운 주인을 만나도록 주님께서 허락하시는 이유는 우리에게 겸손과 순종을 가르치시기 위한 것입니다.

사람들은 영적 성장을 위하여 비싼 돈을 내고 여기 저기 세미나에 가서 열심히 배우지만 단순히 이론을 배우는 것으로 만족한다면 그것은 우리 영혼의 성장에 별로 유익이 되지 않습니다. 순종에 대하여 가르칠 수 있고 설명을 할 수는 있지만 실제로 순종할 수 있는 능력이 나타나지 않는 것입니다.

그러나 주님께서 인도하시는 생활 속에서의 훈련은 돈도 들지 않고 시간도 따로 필요한 것도 아니며 실제적인 훈련인데도 공짜입니다. 그러니 이 훈련에 합격하기 위하여 열심히 노력해야 하는 것입니다.

우리는 이 까다로운 주인을 사랑할 수 있도록 노력했고 주님의 은혜로 그분과 좋은 관계를 가질 수 있게 되었습니다.

우리가 나중에 이사 갈 때 그녀는 몹시 아쉬워하며 우리의 편의를 많이 보아주었습니다. 우리는 우리에게 주어진 훈련에 합격했다는 즐거운 느낌을 가지고 이 여인을 떠날 수 있었습니다. 그것은 몹시 행복한 일이었습니다.

당신에게 쏟아지는 비판과 공격을 두려워하지 마십시오.
그것은 주님이 당신의 성장을 위하여 허용하시는 것입니다.
당신은 굳이 비판을 받기 위하여 노력할 필요는 없습니다.
또한 비판을 참기 위하여 억지로 노력할 필요는 없습니다.
받을 필요가 없는 다른 사람들의 일방적인 학대에 대하여 잠잠할 필요는 없습니다. 그러한 것에는 분별이 필요하며 거절하고 방어하는 것이 필요할 때는 그렇게 해야 합니다.

부디 당신의 생각과 마음을 넓히십시오.
이것을 생각하십시오.
비판을 통하여 자신을 돌아보고 반성하며
더욱 더 겸손하고 아름다우며
주님께 속한 사람이 될 수 있도록 이 기회를 사용하십시오.
비판을 두려워하지 말며
그것을 주님께로 가는 기회로 삼으십시오.
당신이 충분히 깨닫고 주님께로 갈 때
당신을 아프게 한 것은 오히려 당신의 상급이 될 것입니다.
비판을 두려워하지 마십시오.
오직 당신의 마음이 주님을 향하게 하십시오.
모든 것은 오직 주님의 손에 있기 때문입니다.

41. 게임에서 지는 것을 즐기십시오

우리나라의 부모들은 대부분 자녀들에게 '기죽지 말라'고 가르칩니다. 어디 가서 맞고 오지 말라고 가르칩니다. 꼭 이겨야 한다고 가르칩니다. 그러나 그러한 가르침은 좋은 것일까요?

모두다 서로 이기려고 하기 때문에 온 세상이 무척이나 살벌해 졌습니다. 아무도 양보하거나 지려고 하지 않습니다.

사회의 모든 부분에서 싸움과 경쟁이 치열합니다. 정치인들도 서로 싸우고, 신앙인들도 서로 싸우며, 경제인들도, 학생들도 어디서든지 서로 이를 악물고 싸웁니다.

TV드라마에서는 사랑을 쟁취하기 위한 싸움을 경쟁적으로 보여주고 있습니다. 이를 악물고 싸워야만 사랑도 얻을 수 있는 듯이 말입니다.

이러한 전쟁에서 패배한 사람들은 낙오자가 됩니다. 절망하는 사람도 있고 타락하는 사람도 있으며 자살하는 사람도 있습니다. 살아있기는 해도 일생을 패배의식으로 사는 이들이 적지 않습니다.

과연 모든 경쟁은 아름답고 좋은 것일까요? 그것은 필연적이고 마땅한 것일까요? 챔피언이 되려면 모든 사람을 이겨야 합니다. 스타가 되려면 모든 사람들보다 뛰어나야 합니다. 1등을 하기 위해서는 남들보다 배의 노력을 해야 합니다. 남 놀 때 놀고 남 잘 때 자는 사람은 성공할 수 없다고 사람들은 가르칩니다. 그것은 모두에게 있어서 정말 지치고 피곤한 일입니다. 만약에 누군가가 이 살벌한 게임에서 한 걸음 물러서 있으면 어떨까요? 게임에서 이기는 것보다 지는 것을 즐기는 것입니다.

한 동안 이런 광고가 있었습니다. '아무도 2등을 기억하지 않습니다. 오직 1등만이 사람들의 기억에 남습니다.'

하지만 그것은 사실이 아닙니다. 1등도 필요하지만 2등도 필요하고, 또한 꼴찌도 있어야 하는 것입니다. 박수를 받는 사람도 필요하겠지만 또한 박수를 치는 사람도 필요한 것입니다.

그럴 때 박수를 받는 사람은 승리자이고 성공자이며 박수를 치는 사람은 패배자라고 할 수 없습니다. 박수를 치는 사람은 박수를 받는 사람의 기쁨을 축하하고 그 즐거움에 동참하는 사람인 것입니다. 모두가 박수를 받기를 원하지만 어떤 면에서 즐거이 박수를 치는 사람도 아주 중요한 사람입니다.

바나바는 1등이 싫었습니다. 그래서 바울에게 그 자리를 양보하고 자기는 뒤에서 조용히 도와주었습니다. 그에게는 1등의 자리를 양보하고 그를 돕는 것이 훨씬 더 즐겁고 신나는 일이었습니다.

갈렙도 1등이 싫었습니다. 그래서 그도 조용히 숨어서 여호수아를 보필했습니다. 오늘날 여호수아를 기억하는 이들은 많아도 갈렙을 기억하는 사람은 많지 않습니다. 그러나 그도 훌륭하게 자기 몫을 한 사람이었습니다.

1등이 되는 것, 앞에 서는 것, 이기는 것을 좋아하는 것은 그리 대단한 일이 아닙니다. 모든 사람들이 그것을 원하고 있기 때문입니다.

사람의 기질과 사명은 각자가 다 다릅니다. 하나님께서는 각 사람에게 누구도 흉내 낼 수 없는 특별한 개성과 재주와 성향을 주셨습니다. 그러므로 우월한 사람, 열등한 사람의 구별은 어처구니없는 것입니다. 우리는 모두 각자 고유한 재능과 사명을 받은 1등의 사람이기 때문입니다. 다른 사람들이 알아주지 않는다고 해도 우리는 모두 주님 안에서 1등입니다.

게임에서 승리에 집착하는 사람은 자기의 기쁨을 위해서 사는 것입니다. 그러나 게임에서 지기를 원하는 사람은 상대의 기쁨에서 행복을 느낍니다.

아니, 일부러 지지는 않더라도, 최소한 게임의 승패를 주님께 맡기고 자연스러움 속에서 노력하며 승패를 초월할 수 있다면, 우리는 자유인이 될 수 있을 것입니다.

나는 언젠가 어떤 아이들이 게임을 하는 것을 구경한 적이 있었습니다. 그것은 교제와 즐거움을 위한 게임이었습니다. 교회의 교사들이 아이들에게 게임을 가르치고 서로 즐겁게 놀 수 있도록 인도하고 있었습니다.

그것은 아주 즐거운 시간이었습니다. 게임은 재미있었습니다. 그러나 돌연 문제가 생겼습니다. 어떤 아이가 게임에서 지자 울고 불며 고집을 부리고 난리를 쳤던 것입니다.

이 아이는 승부욕이 너무 강했습니다. 그래서 자기가 지는 것을 견딜 수 없었던 것입니다. 결국 즐거운 게임의 자리는 엉망이 되어 끝이 나고 말았습니다. 이기는 것에 집착하고 승리에 집착한 한 아이 때문에 모두의 기분이 엉망이 되고 만 것입니다.

그 아이는 이기는 것은 즐거워했지만 게임 자체는 즐기지 못했습니다. 나는 이 아이의 모습이 오늘날의 현대인의 모습을 잘 보여주는 것이라고 느꼈습니다. 승리를 위해서 긴장하고 경쟁하며 삶의 작은 순간들을, 삶의 재미들을 놓치고 있는 그러한 현대인의 모습을 말입니다.

나는 바둑을 잘 둡니다. 최근에는 거의 둘 시간이 없지만 몇 년 전에는 가끔 기원에 가곤 했습니다. 나는 아마추어로서는 정상급이기 때문에 기원에서 나를 대적할 만한 상대가 별로 없었습니다. 그래서 보통 여러 점을 놓은 접바둑을 둡니다.

나는 바둑을 두면서 일부러 지는 것을 즐기곤 했습니다. 나의 관심은 승리보다는 인간관계에 있었기 때문입니다. 그래서 나는 적당히 바둑을 두다가 슬며시 져주곤 합니다. 그것은 아주 즐거운 일이었습니다.

공격을 하면서 급소를 두고 상대의 고뇌 어린 모습을 보고 있다가 다시 함정과 곤경 속에서 그를 풀어주고 상대방의 환희에 찬 표정을 보며 즐거움을 누리곤 했습니다. 나는 인생도 이와 같이 승패를 초월하여 바둑 두듯이 살면 얼마나 좋을까 생각합니다. 게임의 승부에서 벗어나 게임 자체를 즐기며 상대방의 승리와 기쁨도 즐거워하고 축하해주는 것입니다.

언젠가 돈이 궁해서 어떤 물건을 팔아야 할 때가 있었습니다.

물건을 사러 전문가가 우리 집에 왔는데 나는 그 물건에 대한 가격이나 정보에 대해서 아는 것이 전혀 없었습니다. 그래서 물건을 사러온 그 전문가의 말에 전적으로 의존할 수밖에 없었습니다.

나는 아무 것도 몰랐기 때문에 상대방의 말을 신뢰하고 그가 원하는 대로 그가 원하는 가격에 주겠다고 말했습니다. 나는 그를 신뢰하고 그가 원하는 대로 최대한 그를 배려해주려고 하였는데 어처구니없게도 그는 상당히 당황하는 것이었습니다.

그는 경험이 많은 장사꾼이었습니다. 그는 흥정에 능했고 바가지를 씌우는데도 능했습니다. 그러나 나처럼 장사꾼에게 배려를 해주는 사람은 처음 보았다고 말하며 아주 난처해하더니 내가 예상하던 금액보다 훨씬 더 많은 금액을 주는 것이었습니다. 그는 자신을 전적으로 신뢰하는 사람을 속일 수가 없다고 머리를 흔드는 것이었습니다.

나는 놀랐습니다. 그리고 새롭게 깨달았습니다. 상대방을 전투 상대가 아닌 나의 형제로 여기며 그의 이익이 나의 이익이며 그의 즐거움이 나의 기쁨이라고 여겼던 결과가 오히려 나에게 더 이익을 주는 결과가 되었던 것입니다. 물질적인 이익뿐만이 아니라 그와 같이 대화를 나누며 교제했던 시간은 서로에게 즐겁고 유쾌한 경험이 되었던 것입니다.

우리는 이기기 위해서 이를 악물고 눈을 부릅뜨며 노력합니다. 상대방을 이기고 제압하기 위해서 애를 씁니다. 그러나 그렇게 한다고 해서 꼭 이기는 것은 아닙니다. 이기는 것도 쉽지 않지만 오히려 지는 것보다도 결과가 더 나빠질 수도 있습니다.

그리고 이기든, 지든 그것은 피곤한 일입니다. 그러한 삶에는 항상 피곤이 있습니다. 시합의 과정에도, 시합이 끝난 후에도 거기에는 항상 피곤이 있습니다.

그러나 상대방을 경쟁의 대상이 아닌, 적이 아닌 내 친구로 생각한다면 그 과정도 결과도 아주 행복할 수 있는 것입니다.

우리는 어쩌면 어렸을 때부터 너무 많은 사람들을 적으로 간주하기를 배우고 있습니다.

친구도 없이 사랑하는 이들도 없이 모든 이들과 경쟁하고 그들을 다 이겨낼 수 있도록 강요받고 있는지도 모릅니다.

그것은 어리석은 삶입니다. 그리고 그것은 진정한 승리를 얻게 하지 못합니다. 우리는 사람들을 적으로 생각하는 것보다는 친구로 생각하는 것이 훨씬 더 재미있고 유익한 생각이라는 것을 배워야 합니다. 실제로 이 세상에는 우리의 경쟁자나 대적이 그리 많지 않습니다.

자유롭고 행복한 삶을 위해서
당신의 생각을 자유롭게 풀어 주십시오.
게임에서 이기려고 너무 애를 쓰지 마십시오.
때로는 게임에서 일부러 지고
상대를 섬기는 쪽을 선택하십시오.
어쩌면 그것이 진정한 승리일지도 모릅니다.
그렇게 할 때 당신은 평화로운 마음속에서 살며
소박하지만 항상 행복한 마음으로 지낼 수 있을 것입니다.

42. 욕심에서 해방되십시오

우리의 마음이 쫓기고 불안한 중요한 이유는 경쟁 때문입니다.

그리고 경쟁의 이유는 욕심 때문입니다. 부모들이 자녀를 위해 열심히 투자하고 학원에 보내고 공부시키는 목적은 명문 대학에 가게 하기 위한 것입니다. 명문 대학에 보내려는 이유는 좋은 직장에 가게 하기 위한 것입니다.

흔히 생각하는 좋은 직장이란 돈을 많이 벌 수 있는 직장을 말합니다. 여성들도 돈을 많이 가지고 있고 벌 수 있는 남자들을 좋은 배우자감으로 생각합니다.

돈이 많으면 좋은 집, 좋은 차, 많은 물건을 가질 수 있고, 힘든 일을 하지 않으며 즐겁게, 화려하게, 즐기고 살 수 있습니다. 결국 경쟁을 하는 이유, 고통과 긴박감과 쫓기는 마음을 가지게 되는 근원적인 이유는 돈과 소유에 대한 욕심에서 나오는 것입니다.

사람들이 부동산 투기, 증권 투기 등의 질병에 시달리는 것도 돈에 대한 욕심 때문입니다. 자본주의 사회는 이와 같이 돈에 대한 사람들의 욕망을 근거로 하여 세워진 것입니다.

진정 우리가 마음의 평화를 얻기 원한다면, 생각의 감옥에서 해방되기 원한다면 우리는 이 돈과 물질에 대한 욕심에서 벗어나야 합니다.

욕심에서 해방된 사람은 돈을 사랑과 섬김의 도구로써 사용할 수 있지만, 욕심에서 벗어나지 못하고 있는 사람은 물질과 돈의 종이 되어 돈이 그의 영혼을 억압하는 무서운 재앙이 되는 것입니다.

이 땅에는 가난한 사람들이 많이 있습니다. 그러므로 어떤 사람이 돈이 많다고 해서 가난한 이들을 돌아보지 않고 오직 자기만을 위해서 돈을 사용한다면 거기에는 심판이 따르게 될 것입니다.

왜냐하면 우리는 하나님의 자녀이며 다른 사람들도 동일한 하나님의 자녀이기 때문입니다. 하나님의 품에 들어온 자녀도 있고 아직 다른 세계에서 방황하고 있는 사람들도 있지만 근본적으로 인간은 하나님의 자녀입니다. 그러므로 다른 사람들은 우리의 형제이며 우리는 그들의 가난과 고통에 대해서 눈을 감을 수 없습니다.

그러므로 물질적으로 여유가 있는 사람들은 가난하고 어려운 사람들에게 적당히 힘이 닿는 만큼 주님의 인도 속에서 자신의 것을 나누어주어야 하는 책임이 있습니다. 그러나 그것은 그리 쉽지 않은 일입니다.

야고보서 5장1-4절을 보면 부자들이 재물을 쌓는 것에 대한 심판의 말씀이 나옵니다. 이 말씀은 가난한 사람들이 울고 있는데 그것을 무시하고 자신의 부를 축적하는 것에만 마음을 쓰고 있는 이들에 대해 경고하고 있습니다. 그러므로 물질이 여유가 있고 많다는 것은 그만큼 많이 나누어 주어야 할 의무가 있다는 것을 의미하는 것입니다. 그러니 열심히 돈을 벌고 부가 많아질수록 그 사람은 짐이 많아지게 되는 것입니다.

가난한 사람은 이런 의무에서 상대적으로 자유로울 것입니다. 그는 나누어줄 것이 별로 없기 때문입니다. 그러나 그가 완전히 자유롭다고 할 수는 없습니다. 왜냐하면 그가 아무리 가난해도 더욱 더 가난한 사람들이 있기 때문입니다.

그러므로 가난한 사람은 자기보다 더 가난한 사람을 도와야 합니다. 가난해서 하루에 두 끼 밖에 못 먹는 사람은 하루에 한 끼 밖에 먹지 못하는 사람을 기억해야 하며, 자기보다 부요한 사람을 욕해서는 안 되는 것입니다.

부디 이 사실을 기억하십시오.

당신이 유능한 사람이 되고 사람들의 인정을 받게 되고 성공한 사람이 되어 많은 돈을 소유하고 부를 소유할수록 당신은 많은 짐과 의무를 가지게 된다는 것입니다.

주님께서는 당신에게 그것을 요구하십니다. 주님이 당신에게 풍성한 물질을 주셨다면 그것은 당신을 통해서 사람들을 돕기 위한 것이지 당신 혼자만이 넘치게 살게 하려고 하신 것이 아닙니다.

열심히 노력하고 많은 것을 얻어서 적극적으로 다른 이들을 도우며 섬기기를 원하는 마음을 당신이 가지고 있다면 그것은 좋은 일입니다. 그러나 그러한 분명한 섬김의 가치관이 없다면 나는 당신이 구태여 열심히 경쟁에 뛰어들어 많은 것을 가지려고 하는 삶을 내려놓기를 원합니다. 돈이 많지 않아도 우리는 충분히 행복할 수 있으며 우리는 돈이 아니더라도 사람들에게 많은 것을 줄 수 있기 때문입니다.

돈이 없으면 남에게 물질적인 선물을 주는 행복은 가지기 어렵지만, 그래도 미소와 친절은 줄 수가 있습니다.

외로운 사람의 친구나 말벗이 될 수도 있고, 같이 울 수도 있습니다. 우리는 돈이 없어도 세상을 얼마든지 행복하게 살 수 있습니다.

자식을 학원에 보낼 돈이 없다고 괴로워 할 필요는 없습니다. 보낼 돈이 없으면 안보내면 그만이고 학원에 가지 않는다고 인생이 끝나는 것은 결코 아닙니다.

사람들은 흔히 돈이 있어야 자식을 잘 키울 수 있다고 생각합니다. 그러나 그것은 결코 사실이 아닙니다. 자식에게 돈을 주는 것이 부모의 가장 중요한 의무라고 할 수는 없으며 돈이 없어도 부모가 해줄 수 있는 것이 아주 많이 있기 때문입니다.

그들을 안아줄 수도 있고, 이야기를 해줄 수도 있으며, 같이 장난을 치거나 친구처럼 놀아줄 수도 있습니다.

기도를 해줄 수도 있으며 사랑한다고 이야기할 수도 있고 하나님께서 너를 사랑하신다고, 너는 너무나 귀한 존재라고 가르쳐 줄 수도 있습니다. 그러니 돈이 없다고 해서 부모의 역할을 잘 할 수 없다는 생각은 엄청난 오해입니다.

대학을 갈 돈이 없다고 그렇게 고통스러워 할 필요는 없습니다. 대학에 가지 않는다고 해서 하나님께서 버리시는 것도 아니며, 대학에 바칠 노력과 시간을 다른 좋은 곳에 쓸 수 있으며, 대학에 가지 않고도 얼마든지 훌륭한 사람이 될 수 있다는 것을 입증할 수 있는 좋은 기회가 주어진 것이기 때문입니다.

돈이 아주 없고 일거리도 찾을 수가 없어 굶게 된다면 그것도 그렇게 나쁜 것만은 아닙니다. 금식 기도를 통하여 많은 깨달음을 얻을 수 있습니다.

최악의 경우 여러 날을 굶게 되어 주님 앞으로 빨리 가게 된다면 즐거운 마음으로 이 세상을 떠나면 되는 것입니다. 모든 고생과 수고를 마치고 주님 안에서 행복한 만남과 안식을 얻을 수 있다면 더 이상의 행복이 없으니까요.

이 세상에는 도무지 걱정할 일이 아무 것도 없습니다. 삶도 죽음도 모두 주님의 손 안에 있기 때문입니다. 우리의 좋으신 주님은 우리를 굶게 하지 않으시며 우리가 그를 바라볼 때마다 항상 우리를 채우시는 분입니다.

어떤 이들은 몹시 성질이 급해서 일이 잘 풀리지 않고 자기의 원하는 것이 이루어지지 않으면 쉽게 절망을 하고 죽으려고 합니다.

하지만 우리가 굳이 빨리 가려고 하지 않더라도 때가 되면 주님께서 부르실 것이니 미리 서두를 필요는 없는 것입니다. 삶이든 죽음이든 성공이든 실패든 모든 것은 주님의 손안에 있으므로 우리는 그저 맡기고 순종하면 되는 것입니다. 우리는 많은 것을 가지려고 할 필요가 없습니다. 큰 목표를 가질 필요가 없습니다. 남보다 경쟁에서 떨어졌다고 슬퍼할 이유가 없습니다. 이 나이에 내가 해놓은 것이 무엇인가.. 그런 생각을 할 필요가 없습니다. 그것은 다 세상 사람들이 하는 부질없는 생각입니다. 그러한 생각은 경쟁의 생각이며, 비교의 생각이며, 피곤과 긴장을 일으키는 생각입니다.

부디 모든 욕심에서 해방되십시오.
경쟁의식에서 벗어나십시오.
남과 자신을 비교하지 마십시오.
소박한 것으로 만족하십시오.
오직 주님으로 만족하십시오.
욕심의 생각에서 벗어날 수 있을 때
우리는 우리의 마음과 삶을 괴롭히는
많은 증상에서 벗어나
행복하게 살 수 있게 될 것입니다.
욕심에서의 해방 - 거기에서 마음 천국은 시작됩니다.

43. 집착을 버리십시오

　영혼이 어릴수록 집착이 많습니다. 영혼이 어릴수록 완벽한 것을 좋아합니다. 그러한 이들은 그들의 계획이 조금만 어긋나도 속이 상하고 마음에 분노가 가득하여 어쩔 줄을 모릅니다. 그들은 꿈이 조금만 좌절되어도 온 세상을 잃은 듯이 침통해 합니다.
　이 세상은 목숨을 걸고 투쟁하여 갖은 난관을 물리치고 꿈을 성취한 사람들에 대한 찬사로 가득합니다.
　과연 그들은 성공한 것일까요. 그들은 무엇을 성취했을까요. 또한 그들이 잃은 것은 없을까요. 과연 그들은 행복할까요. 혹시 그들의 행복은 세뇌된, 환상 속의 행복은 아닐까요.
　그들이 그렇게 해서 행복하다면 그것은 좋은 일입니다. 그러나 대다수의 평범한 사람들을 치열한 경쟁과 성취를 위한 삶으로 내모는 것은 별로 좋은 일이 아닙니다.
　집념을 가지고 매달리는 삶도 있지만, 주님의 인도하시는 분량 속에서 앞날을 주님께 맡기고 나날의 삶을 주와 함께 편안하게 걸어갈 수도 있습니다.
　자신의 계획이 좌절되었을 때 속상하고 아파하며 지난 모든 노고에 대해서 슬퍼할 수도 있지만 우리의 지각을 뛰어넘는 하나님의 계획을 신뢰하며 자신을 온전히 의탁할 수도 있습니다.

어릴수록 사람은 포기하지 못합니다. 모든 것을 아주 심각하게 생각합니다. 약간의 실패를 경험해도 그들은 깊이 상심합니다.

어린아이는 소꿉친구가 이사 가면 모든 것을 잃었다고 생각합니다. 그러나 그의 인생에는 아직 남아있는 것이 훨씬 많이 있습니다. 중학생이 1등을 빼앗겼다고 자살을 기도한 일이 있었습니다. 그러나 그에게는 아직 많은 것이 남아 있습니다.

수능성적이 나쁘게 나왔다고 자살한 사람도 있습니다. 결혼생활에 실패했다고 모든 것이 끝났다고 생각하는 사람도 있습니다. 부도가 났다고 죽어야 된다고 생각하는 사람도 있습니다. 사랑하는 사람에게 버림받고 다 끝났다고 생각하는 사람도 있습니다. 하지만 그것은 어리석은 판단이며 어리석은 생각입니다.

좀 더 자랄수록 우리는 쉽게 포기합니다. 아프고 쓰린 일에도 그 배후에 하나님의 섭리와 인도하심이 있음을 알게 됩니다.

잃으면 잃을수록, 우리는 자유로워집니다. 버리면 버릴수록, 우리는 주님의 사람이 됩니다. 세월이 흐를수록 우리의 계획은 이루어지지 않았어도 주님의 뜻은 이루어졌음을 알게 됩니다.

주님께 속한 사람이 될수록 사람은 자기 것이 아닌 것에 집착하고 매달리지 않습니다. 그는 무엇이 자신에게 맡겨진 것인지, 자신에게 맡겨진 사람인지 알 수 있게 되는 것입니다. 그는 자신에게 맡겨지지 않은 것에 대하여 마음을 비우고 초연하는 것을 배우게 됩니다.

생각의 집착에서 벗어나야 합니다.
그것은 무거운 빗장을 지른 감옥입니다.
그것은 스스로 자신을 노예로 만드는 것입니다.
주님은 자유케 하시는 분이시며,
우리는 집착의 짐에서 벗어나
오직 그분의 사랑의 통치 속에 들어가야 합니다.
주님이 우리의 목자가 되시고
우리가 진정한 의미에서 그분의 양이 될 때
우리는 집착의 감옥에서 생각의 감옥에서
온전히 벗어나 진정한 자유의 세계를 날게 될 것입니다.

44. 자신에게 너무 민감하지 마십시오

　어떤 이들의 생각은 항상 자신을 향하고 있습니다. 그들은 외부 환경에는 둔감하며 자신에 대해서는 매우 민감합니다.
　그들은 자신을 객관적으로 보지 못합니다. 그들은 남들이 항상 자신에 대해서 생각한다고 생각합니다. 그들은 남들이 웃으면 자기 때문에 웃는다고 생각합니다. 그들은 남들이 화가 나 있으면 자기 때문에 화가 난 것이라고 생각합니다.
　그들은 남들이 '요즘 세상에 못된 사람들이 참 많아'라고 말하면 대뜸 '나는 못됐지 않았어..'라든지 '내가 못된 게 뭐냐?' 하고 따집니다.
　상대방이 말하기를 그들이 한 말이 자신을 가리킨 것이 아니라고 해도 이들은 믿지 않습니다.
　이러한 사람들은 심리학 서적을 읽으면 '이건 다 내 이야기야'라고 생각합니다. 설교를 들으면 '저건 다 나한테 하는 얘기야, 나 들으라고 하는 소리야'라고 생각합니다.
　이들은 조금만 어려운 일이 생기면 자신을 소설에 등장하는 비련의 주인공으로 생각합니다. 그들은 조그만 성취를 하면 자신을 전설적인 영웅으로 생각합니다. 그들은 몸이 조금만 아프게 되면 온 세상이 멸망할 듯이 호들갑을 떱니다. 남들의 고통에는 둔하지만 자신의 자식이 아프면 온 정신을 잃어버립니다.

그들은 자신에 대한 남들의 이야기에 매우 민감하게 반응합니다.

약간의 비판을 들으면 상대방을 불구대천지 원수처럼 생각하며 약간의 칭찬을 들으면 상대방을 평생의 은인처럼 생각합니다. 그들은 남들이 자기에게 대하여 한 말을 결코 잊지 않습니다.

'어떤 사람이 내게 이렇게 칭찬했다'고 만나는 사람에게 마다 말을 옮깁니다. 또는 '누군가 나에게 이렇게 나쁜 말을 했다. 그럴 수 있느냐, 당신은 어떻게 생각하느냐'고 기회만 있으면 이야기합니다.

이들은 너무 자신에게 몰두하고 있으므로 개인적인 원한을 잊지 않으며 억울함을 잊지 않습니다. 이들은 너무나 자기중심이므로 오직 자신에게 잘 대해주는 사람들만이 천사라고 생각합니다.

이런 사람들은 악한 사람들은 아닙니다. 그러나 영적으로 어린아이들입니다. 이들은 더 자라야 하며 남들을 섬기거나 도울 수가 없습니다. 그들의 관심은 자기와 자기 자신, 자기 가족, 즉 자기에 관한 것으로 꽉 차있기 때문에 남들을 돌아볼 수가 없는 것입니다.

그들은 다른 사람들의 이야기를 끝까지 듣거나 바른 조언을 줄 수 없습니다. 고통을 당한 사람들의 이야기를 들으면 그들은 그들의 말을 중단시키고 자기의 더 큰 고통스러운 이야기를 한참이나 합니다.

누가 자식 자랑을 하면 '아니야, 우리 아이는 더 착해..' 하면서 다시 자기 얘기에 사로잡힙니다. 그들은 모든 상황에서, 모든 사람의 이야기에서 오직 자기 자신만을 보고 듣고 느끼는 것입니다.

당신이 이런 사람들 중의 하나라면 기억하십시오. 당신은 자라나야 합니다. 당신은 이제 그만 당신 자신에 대한 관심을 끊어야합니다.

당신 자신에 대한 관심을 포기하지 않는다면 당신은 아무 것도 보고 듣고 느낄 수 없으며 당신은 남에게 대하여 관심을 가질 수 없으며 남들에게 대해서 세상에 대해서 아무 것도 알지 못할 것입니다.

당신 자신을 버리십시오. 당신의 입장을 초월하십시오.

당신은 그렇게 대단한 존재가 아니며 당신은 그렇게 열등한 존재도 아닙니다.

당신을 그렇게 나쁘게 생각하지 마십시오.

당신은 그렇게 나쁜 존재가 아닙니다.

당신 자신을 너무 자랑스럽게 생각하지 마십시오.

당신은 그렇게 위대한 존재가 아닙니다.

모든 사람은 평범합니다.

위인들도, 악인들도, 그렇게 특별한 사람들이 아닙니다. 언론이나, 사람들이 어떤 목적이 있어서 그런 식으로 만들어 가는 것뿐입니다. 사람은 누구나 평범한 부분을 가지고 있으며 몇 가지는 남들보다 탁월한 부분을 가지고 있습니다.

자신에 대하여 둔감해 지십시오. 그렇게 할 수 있다면 당신은 좀 더 객관적이 될 것입니다. 성장할 수 있으며 지혜를 얻게 될 것입니다.

자신을 3인칭으로 불러보십시오. 당신이 화가 났을 때, '이 사람이 화가 났구나' 라고 말하십시오.

'이 사람이 왜 화를 낼까?' 하고 생각하십시오.

당신에게 절망이 올 때에 '이 사람이 절망을 하는 구나.' 하고 생각하십시오. 자신을 객관화시킬 수 있다면 매임에서 벗어나게 됩니다.

자신에 대한 지나친 인식과 집착 - 이것은 성숙하지 못한 인식과 생각이 가져오는 또 하나의 묶임과 감옥입니다.

부디 그 감옥에서 탈출하십시오. 깨달을 때, 볼 수 있을 때 당신은 묶임에서 벗어나게 될 것이며 세상이 좀 더 아름답고 넓은 곳인 것을 깨달을 수 있게 될 것입니다.

45. 자신의 한계를 인정하십시오

마귀는 항상 우리를 높이 띄워 올려 줍니다. 그는 우리가 대단한 존재인 것으로 알게 합니다. 그는 '너는 하나님같이 될 수 있다'고 유혹합니다.(창3:5)

예수님께 천하의 영광을 보여 주어 유혹한 것처럼(마4:8) 그는 비전과 이상의 형태로 우리에게 다가옵니다.

'하나님과 같이 될 수 있다' '모든 꿈을 이룰 수 있다'는 그의 말은 '그것을 먹는 날에는 정녕 죽으리라' (창2:17) 고 한계를 지으신 하나님의 말씀보다 분명히 더 매력적입니다.

인간의 입장에서 보았을 때 그의 말은 하나님의 말씀보다 훨씬 더 우리에게 유리합니다. 바로 그것 때문에 인류는 속았고, 고통의 길을 걸어 왔으며 지금도 속고 있는 것입니다.

우리는 생각과 이상의 한계를 인정해야 합니다. 자신의 한계를 인정해야 합니다.

하나님께서 원하시는 것, 계획하시고 인도하시는 것을 우리는 할 수 있을 것입니다. 그러나 우리가 모든 것을 할 수 있는 것은 아닙니다. 우리가 생각하는 대로, 바라는 대로, 꿈꾸는 대로, 모든 것을 할 수 있는 것은 아닙니다.

그러한 말은 매혹적으로 들리지만, 그 결과는 파멸일 뿐입니다. 우리는 위대해지는 것보다 순종하는 것을 배워야 합니다. 자신의 한계를 확장하는 것보다 그 한계선을 분명히 긋는 것이 필요합니다.

우리가 바라는 많은 것들을 우리는 감당할 수 없습니다.

사람이 배가 몹시 고플 때는, 이것도 먹고 싶고, 저것도 먹고 싶으며, 모든 것을 아주 많이 먹을 수 있을 것 같지만, 실제로 음식을 먹어보면 우리의 위장이 감당할 수 있는 분량은 얼마 되지 않습니다. 거기에서 조금만 더 먹으면 우리는 불편함을 느끼게 되는 것입니다.

마찬가지로 우리에게 많은 이상과 꿈이 있어도 하나님께서 우리에게 허락하신 것, 이루도록 계획된 것, 우리가 할 수 있는 것, 진정으로 우리에게 유익이 되는 것은 무한한 것이 아닙니다.

하나님은 많은 사람들을 사용하시며 우리 한 사람 만에게 모든 것을, 너무나 많은 것을 맡기시려고 하지 않습니다. 그러므로 지나치게 많은 꿈들도 다 일종의 허황된 생각의 감옥에서 방황하게 만드는 것입니다.

부디 자신의 한계를 발견하십시오. 주님께서 허락하신 분량만큼 생각하십시오. (롬12:3)

가장 위대한 삶은 사람들 보기에 위대하고 눈에 띄는 삶이 아니라 우리 자신을 향하신 하나님의 계획안에서 자기의 삶을 한정짓고 그분의 인도를 따르며 그분께 순종함으로써 만족한 인생을 사는 것입니다.

어릴수록 크고 위대한 것을 좋아합니다. 그러나 조금 성장하고 주님의 손에 굴복될수록 우리는 자신을 드러내고 싶어 하지 않습니다. 자신의 분수를 넘어서고 싶어 하지 않습니다.

  오직 주님께 모든 주권을 드리고 그분의 인도하심 속에서 자신에게 맡겨진 일을 하며 거기에서 만족과 행복을 누리게 되는 것입니다.

4부 생각의 성숙

우리의 정신은 능력에서 지혜로
지혜에서 덕으로, 사랑으로
계속하여 발전해가야 합니다.
생각이 성숙해질수록
우리의 영혼은 발전하는 것이며
주님과 가까워지는 것입니다.
영혼이 발전할수록
우리는 사람들을 섬기게 되며
날마다
마음의 천국에서 살게 되는 것입니다.

46. 내면의 보화를 추구하십시오

　많은 사람들이 다른 사람들에게 인정받는 것, 유명해지는 것, 외적으로 성공하는 것 등을 추구합니다. 다른 사람들의 기적적인 성공의 사례를 보면서 많은 사람들이 나는 언제나 저렇게 성공할 수 있을까 생각하며 한숨짓습니다.
　그들은 비참해지고 자신이 초라해지는 것을 느낍니다. 그러나 그러한 특별한 성공을 감당할 수 있는 사람은 그리 많지 않습니다. 많은 사람들의 인정과 칭찬과 유혹을 견딜 수 있는 사람들은 그리 많지 않습니다. 많은 돈과 성공을 감당할 수 있는 사람도 그리 많지 않습니다.
　자신의 능력으로 감당할 수 없는 사람들이 그러한 것을 성취하고 드러나는 위치에 있었기 때문에 많은 사람들이 타락하고 넘어져 비참한 운명에 처하게 되었던 것입니다.
　겉보기에 화려하고 좋아 보이는 것에는 반드시 보이지 않는 그늘이 있습니다. 산이 있는 곳에는 반드시 골짜기가 있습니다. 외적인 화려한 성취에는 대체로 내면의 탈진과 공허가 따르게 됩니다.
　물질적인 성공에는 정신적인 허무감이 따르는 것이 보통이며 육적인 성취에는 영혼 내면의 상실이 동반되는 경우가 적지 않은 것입니다. 보이는 것은 잠깐이요 보이지 않는 것은 영원합니다.(고후4:18) 그러나 사람들은 잠깐 보여다가 사라지는 성취에 집중하고 마음을 빼앗기고 있다가 영원한 것을 놓치는 경우가 있는 것입니다.

외적 성취가 있는 사람들은 모든 사람들에게 주목을 받습니다. 그들은 자유롭지 못합니다. 권세가 있거나 돈이 많은 사람들은 납치를 당하거나 해를 입지 않도록 경호원을 대동하고 다닙니다.

그러나 내면의 천국을 가진 사람은 경호원이 필요 없습니다. 이 시대의 사람들은 내면의 보화를 알지 못하고 있으므로 아무도 탐을 내지 않으며 또 그것은 빼앗아 갈 수도 없기 때문입니다.

외적인 보화보다
마음의 보화를 지키십시오.
풀은 마르고 꽃은 시드나
하나님의 말씀은 영원한 것입니다.(사40:8)
마음과 생각을 지켜서
이 감추어진 천국을 항상 소유하십시오.
그것이 곧 우리의 마음에서 이루어지는
세상에서 감추어진 천국인 것입니다.(눅17:21)

47. 분리적인 사고가 재앙을 가져옵니다

　모든 사람은 하나님의 작품입니다. 모든 사람은 하나의 근원에서 나왔습니다. 그러므로 모든 사람은 하나님의 형상을 가진 피조물이며 근원적으로 하나인 것입니다.
　표면적으로 보면 너와 나는 다른 사람으로 보입니다. 그러나 깊은 곳에서 근원적으로 볼 때 우리는 서로 하나인 것입니다.
　어떤 사람이 길을 걷다가 눈이 주의하지 않아서 넘어져서 다쳤습니다. 그러면 그 사람은 화가 나서 자기의 눈을 빼 버릴까요? 아닙니다. 그렇게 하지 않을 것입니다.
　손이 그릇을 잘못 만져 뜨거운 물을 쏟아서 온 몸이 데었다면 그 사람은 화가 나서 손을 잘라버릴까요? 물론 그렇게 할 리는 없습니다.
　왜냐하면 우리의 몸은 하나이며 한 부분이 잘못했다고 해서 그것을 분리시키면 더 큰 고통이 오기 때문입니다. 그러므로 손은 아픈 부분을 어루만지며 머리는 치유를 지시하며 다리는 병원을 향하여 걸어가는 것입니다.
　우리는 모두 하나님의 자녀이며 형제이며 한 몸입니다. 아직 구원받지 못한 사람들도 하나님께서는 사랑하시며 계속 부르고 계십니다. 그러므로 남을 해롭게 하거나 상처를 주는 사람은 결국 자기 자신을 괴롭게 하는 것입니다. 일시적으로 그는 아무렇지도 않은 듯이 보일지 모르지만 언젠가 그 고통은 그에게 돌아오는 것입니다.

남을 섬기고 행복하게 하는 사람은 결국 자신을 행복하게 하는 것입니다. 그러므로 우리는 너와 다르며 너는 나와 상관이 없다는 분리주의적 사고가 모든 재앙의 근본임을 알 수 있습니다.

그러한 분리주의적 사고에서 서로 경쟁하고 미워하고 상대방을 이용하고 상처를 받는 등 각종 악과 문제가 생기게 되는 것입니다.

만일 다른 사람과 내가 영혼의 깊은 곳에서 하나이며 나의 한 부분이라는 것을 알게 되면 결코 그들을 함부로 대하지 않게 될 것입니다.

사람들은 남들의 희생 위에서 내가 편해지는 것을 좋아합니다. 그러나 그것은 결코 행복한 일이 아닙니다.

복권에 당첨되어 엄청난 돈을 벌은 사람 - 그는 행운아같이 보이지만 사실 수많은 사람들의 손해와 희생 때문에 부자가 된 것입니다.

주식 투자로 큰돈을 번 사람들, 부동산 가격의 폭등으로 큰돈을 번 사람.. 그들은 합법적으로 부자가 된 것이기 때문에 세상의 법으로서는 아무런 잘못이 없지만 영계의 법으로서는 결코 좋은 일이 아닙니다. 왜냐하면 자기가 이익을 얻은 만큼 수많은 사람들이 손해를 보아야 하기 때문입니다.

영적인 에너지의 관점에서 보면 그는 다른 사람의 에너지를 빼앗은 것입니다. 남의 것을 잠시 가지고 있는 상태에 있는 것입니다.

그러므로 어떤 사람이 그러한 행운을 얻게 되었다면 그는 그렇게 얻은 부와 힘을 많은 사람들에게 유익을 주는 방향으로 사용하여야 합니다. 그래야 재앙을 피할 수 있습니다. 그렇지 않고 개인적인 쾌락과 즐거움으로 그것을 탕진할 때 재앙의 에너지는 언젠가 그에게 닥치게 될 것입니다.

오늘날 사람들은 영계의 법칙에 대해서 잘 알지 못하며 눈에 보이는 일시적인 물질적인 유익만 생각합니다. 그러나 그 마지막과 그 나중의 결과를 보지 못하며 예측하지 못한다면 그것은 무척 불행한 일입니다. 그것이 분리주의적 사고, 물질주의적 사고의 맹점인 것입니다.

유명한 이 시대의 연예인들, 스타들이 노출이 심한 옷차림으로 춤을 추고 노래하고 음란한 욕망을 자극하면서 돈을 벌고 부와 인기와 명예를 얻습니다.

그들은 자신을 성공자라고 생각하며 돈과 명예를 얻고 행복하다고 생각할지 모릅니다. 그러나 그렇게 다른 사람들의 영혼에 해를 입히는 사람들은 결코 그 대가를 지불하지 않고 넘어갈 수가 없습니다. 그것이 영계의 법칙입니다. 다른 영혼들에게 고통을 주고 타락시키며 넘어뜨린 이들에게는 결코 심판이 피해가지 않습니다. 그들은 그 대가를 이 세상에서나 영원에서 치르게 될 것입니다.

이 세상에서 고난을 받고 대가를 치르는 사람은 복된 사람들입니다. 왜냐하면 그는 고통을 통해서 영혼이 정화되어 자신의 행위를 후회하고 반성하며 영원한 세계에 가기 전에 자신의 삶을 바꿀 수 있기 때문입니다.

분리주의적 사고를 버리십시오. 우리가 모두 하나임을 기억하십시오. 그러므로 부디 남을 해롭게 하지 마십시오.

남의 희생 위에서 즐거워하지 마십시오.

남을 아프게 하고 자신은 무사하리라고 생각하지 마십시오. 언젠가 그것은 돌아옵니다.

자신만을 위하려고 하지 마십시오. 그것이 재앙의 시작입니다. 다른 이들을 기쁘게 하고 행복하게 하기 위하여 애쓰십시오. 남에게 줄 수 있는 사람이 되도록 하십시오.

물질이 있으면 물질을 주고 지식이 있으면 지식을 주고 건강이 있으면 몸으로 봉사하며 친절한 태도와 아름다운 미소를 훈련하여 다른 이들에게 봉사하십시오. 그렇게 남을 위하는 것이 곧 자신의 영혼을 위하는 것입니다.

분리주의를 버리십시오. 우리는 모두 하나입니다. 겉으로는 떨어져 있지만 우리는 영혼의 깊은 곳에서 서로 연결되어 있습니다. 그러므로 다른 이들을 위하는 삶을 살아갈 때 당신의 영혼 깊은 곳에서는 주님이 주시는 천국의 기쁨과 행복이 가득하게 임하게 될 것입니다.

48. 악한 생각과 사상의 주입을 조심하십시오

사람의 생각은 보고 듣는 것에 의하여 자극을 받습니다. 그렇게 우리에게 생각과 메시지를 입력하는 중요한 요소가 언론이며 영상매체입니다. 그 대표적인 위치를 차지하고 있는 것이 TV입니다. TV는 오늘날 우리에게 생각과 사상을 전달하는 가장 강력한 매체입니다.

TV의 뉴스는 각종 범죄와 사고와 나쁜 일을 보고합니다. 또한 많은 걱정거리, 염려거리를 사람들에게 제공하고 심어줍니다. 아무 생각 없이 이런 내용을 시청하고 있는 사람들은 마음속에 두려움과 불안감이 가득하게 됩니다. 그리하여 사람들의 영혼은 바쁘고 쫓기게 됩니다.

TV의 광고는 사람들의 탐욕을 부추깁니다. 그들은 별로 필요하지 않은 것들을 자극적으로 보이게 해서 그것들이 행복한 삶을 위하여 꼭 필요한 것이라는 이미지를 심어줍니다.

멍청하게 그 메시지를 수신하고 있는 이들은 욕심에 사로잡히게 되며 그것을 구매할 능력이 없는 사람들은 박탈감을 느끼게 됩니다.

TV의 드라마는 탐욕과 욕정에 사로잡힌 사람들의 모습을 보여줍니다. 거기에는 미움과 분노와 악과 온갖 죄들이 적당히 미화되어 등장합니다. 그들은 용기가 없어서 죄를 짓지 못하는 사람들에게 대리 만족을 시켜줍니다.

TV와 신문은 결코 진리를 가르치지 않습니다. 그들은 바르고 옳은 것을 추구하지 않습니다. 그들은 대중을 즐겁게 해주는 것을 원합니다. 현실적으로 신문은 판매 부수에, TV는 시청률의 노예가 되지 않을 수가 없습니다.

그들은 좀 더 많은 사람들에게 영향을 주기를 원합니다. 그들이 판매 부수나 시청률에 매이는 것은 결국 돈 때문이고 결국은 탐욕을 위한 것입니다. 그러므로 그들은 많은 사람들의 욕망을 자극하기 위해서 선정주의나 자극적인 것에 매달릴 수밖에 없습니다.

어떤 것이 아무리 올바르고 진리적인 것이라도 많은 사람들의 지지를 받지 못하는 것을 그들은 계속 방영하거나 보도할 수 없는 것입니다. 그들이 아무리 매를 맞아도 대중주의와 선정주의를 포기할 수 없는 것은 그들이 바른 것을 추구할 경우 생존자체가 어렵기 때문입니다.

오늘날에도 진리를 추구하는 사람들이 있습니다. 썩어지지 않을 것을 추구하는 이들이 있습니다. 본능적인 만족 이상의 것을 구하는 사람들이 있습니다. 그러나 훨씬 더 많은 사람들이 낮은 차원의 것을 추구합니다. 벌레의 숫자가 인간의 숫자보다 많은 것처럼 낮은 차원의 존재가 높은 차원의 존재보다 숫자가 많습니다.

그러므로 대중은 소수보다 어리석습니다. 그리고 대중의 기호를 무시할 수 없는 언론과 영상 매체는 낮은 수준으로 갈 수밖에 없습니다. 그들은 소수가 원하는 고상한 가치를 버리고 다수가 원하는 욕정과 선정주의와 쾌락의 바다를 계속 항해하기를 원합니다.

그러므로 교통과 통신과 언론이 발달될수록 사람들의 영적 수준은 낮은 수준으로 떨어지게 됩니다. 영혼의 발전을 사모하는 영성인은 점점 줄어들고 점점 더 동물적이고 본능적인 수준의 삶으로 사람들은 나아가고 있는 것입니다.

오늘날 사람들은 점점 더 부끄러움을 잃어버리고 있습니다. 더러움과 악에 대해서 점점 더 대담해집니다. 처음에는 눈치를 보면서 죄를 짓다가 이제 사람들은 점점 더 당당하게 백주 대낮에 악을 행합니다. 그것은 사람들의 영성은 점점 더 낮아지고 육성과 본능이 주인이 되어 가는 것이 이 시대의 성향이기 때문입니다.

현대 문명이 점점 발달할수록 사람들은 물질적으로는 풍요해지지만, 영적으로는 빈곤해 집니다. 사람들은 많은 것을 소유하게 되고 삶이 점점 편리해지지만 영혼의 실상을 잃어버립니다. 그리하여 점점 냉정해지고 기계적이 되고 따뜻한 마음을 상실해 가며 내면에는 허무함으로 가득해지는 것입니다. 잘 사는 나라 일수록 자살률이 높아지고 정신병자가 늘어나는 것은 영성을 잃어버리고 육성의 만족을 추구하는 결과가 어떤 것인지를 잘 보여주고 있는 것입니다.

언론과 TV 등 영상 매체를 통하여 각종 어두움의 에너지가 온 세상에 전파되고 있음을 우리는 주의해야 합니다.

그것은 아주 악하고 나쁜 에너지입니다. 그것은 두려움의 에너지이며 분노의 에너지이며 탐욕의 에너지이며 욕정의 에너지입니다. 그것들은 전파매체를 타고 급속하게 온 세상에 퍼져 나가고 있습니다.

오늘날 많은 사람들이 그러한 매체에 접하면서 아무 생각 없이 그러한 메시지를 수신하고 있습니다. 악하고 어두운 생각을 수신하고 있습니다. 그러한 이들의 영혼은 결코 안전하지 않을 것입니다.

부디 조심하십시오. 영상 매체의 전파성은 너무나 강력하고 무서운 것입니다. 그것은 사람의 영혼을 사로잡고 종으로 만들 수도 있고 파멸시킬 수도 있으며 죽일 수도 있습니다. 아무도 알지 못하도록 조금씩 조금씩 그러한 파괴를 일으키는 것입니다.

거기에서 나오는 악한 에너지와 악한 생각과 사상을 조심하십시오. 그 에너지와 생각이 당신의 안에 깊이 주입되지 않게 하십시오.

당신의 안에 있는 내적 생명을 지키기 위하여 힘쓰십시오.

나는 당신이 모든 언론과 TV를 끄고 은둔자같이 살라고 권하고 싶지는 않습니다. 그러나 분별하고 깨어있으십시오.

TV나 인터넷이나 영화를 통하여 이 시대에 유행하고 확산되고 있는 악한 생각들, 악한 에너지의 흐름을 함부로 받아들이지 마십시오.

그것에 중독되지 마십시오.

오직 당신의 마음과 생각을 고요하고 잔잔하게 하십시오. 당신의 안에 주님으로 가득 채우고 주님의 말씀으로 가득 채우십시오.

당신의 바깥에 있는 것이 당신을 지배하게 하지 말고 당신의 안에 있는 주님께서 당신을 지배하시게 하십시오. 바깥에서 기쁨을 느끼지 말고 당신의 내부에서 진정한 만족을 느끼고 얻으십시오.

오늘날 악한 에너지와 악한 사상과 생각들이 세상에 만연하게 퍼져나가고 있습니다.

당신이 깨어서 이들을 경계할 때 당신은 마음과 생각을 빼앗기지 않게 될 것입니다. 그리고 승리와 자유를 지킬 수 있게 될 것입니다.

49. 좁은 길을 가십시오

오래 전 중국 어느 마을에 광천 샘이 흐르는 마을이 있었습니다. 모든 마을 사람들은 그 샘에서 물을 길어다 마셨습니다.

그러나 그 물 속에는 이상한 성분이 있었기 때문에 그물을 마시는 사람들은 다 미치게 되었습니다. 그래서 사람들은 함께 모여 낄낄낄 웃고, 말이 되지 않는 이상한 말과 행동을 하게 되었습니다.

그러나 한 사람은 그 샘의 물을 마시면 미치게 되는 것을 알고 그의 집 마당에 우물을 파서 그 물을 마셨습니다. 그래서 그 사람은 미치지 않았습니다. 문제는 거기에서 시작되었습니다.

마을의 미친 사람들은 이 사람이 그들과 뭔가 달랐기 때문에 이 사람이 미친 것이 틀림없다고 생각했습니다. 그래서 그들은 이 사람을 정상으로 돌아오도록 하기 위하여 갖은 노력을 기울였습니다.

그들은 돕기 위한 것이었지만 이 사람에게는 그들의 행동이 너무나 괴로웠습니다. 견디지 못한 이 사람은 결국 그 광천 샘을 마셨고, 그도 같이 미치게 되었습니다. 그러자 모든 마을 사람들은 기뻐하면서 외쳤습니다.

"다행이다. 너는 이제야 제 정신으로 돌아왔구나!"

이것은 슬픈 이야기입니다. 이 이야기는 대부분의 사람들이 잘못된 길을 가고 있으면 소수의 바른 길을 가는 사람이 이상하게 여겨질 수 있다는 것을 보여줍니다.

바로 그 때문에 여호수아와 갈렙은 다수의 사람들에게 돌로 맞아죽을 뻔했으며 모세도 수없이 비슷한 위기를 겪었고 수많은 하나님의 선지자들도, 주님도, 그의 제자들도 비슷한 고통을 겪었던 것입니다. 그들의 죄는 세상의 풍조보다 하나님이 인도하시는 진리의 길을, 넓은 길보다 좁은 길을 걸어간 것이었습니다.

오늘날에도 세상의 경쟁에 잘 적응하지 못하는 사람들이 있습니다. 그들은 영악하지 못하며 약삭빠르지 못합니다. 그들은 자기 것을 잘 챙기지 못하며 이익을 좇아 아귀다툼할 줄도 모릅니다. 그들은 남에게 아쉬운 소리를 하지 못하며 차라리 자기가 손해를 보고 맙니다.

그들은 자기를 선전하며 높이는 일을 할 줄 모릅니다. 바보소리를 듣고 사는 것이 싫어서 한번 영악하게 살려고 마음먹다가도 그들은 곧 그것이 자기의 길이 아닌 것을 느끼게 됩니다. 그들은 이 세상에 속한 사람들이 아닙니다.

오늘날 많은 사람들이 자신의 권리에는 아주 민감하며 자신이 해야 할 의무는 싫어하고 둔감합니다. 권리를 많이 주장하는 사람일수록 의무는 소홀합니다.

그러나 어떤 사람들은 남에게 피해를 끼치는 것을 두려워하고 갚아야 할 돈을 갚지 못하면 병이 나지만 자신의 권리는 잘 주장하지 못합니다.

이런 사람들은 이 세상에서 사는 것이 힘이 듭니다. 주위에서는 그들을 바보라고 합니다. 그들은 주는 것을 좋아하기 때문에 이 세상에서는 가난하게 될지도 모릅니다.

그러나 영원한 곳에 갔을 때, 일생의 삶을 계산하고 성적표가 나오는 곳에 갔을 때 그들은 가장 아름답고 풍성한 사람으로서 그곳에 있을 것입니다.

이 땅은 약육강식의 법칙이 역사하는 지옥적인 사회이지만, 천국의 세계는 사랑과 섬김의 사회이기 때문에 이 땅에서 자기의 이익에는 민감하지 못해도 사랑을 발전시키고 영혼을 발전시킨 사람은 행복하고도 높은 위치에 있게 되는 것입니다.

그러한 사람은 이 땅에 살면서 외적으로는 별로 부유하거나 지위가 높지도 않고 사람들이 알아주지 않더라도 그의 마음, 내면으로는 천국의 기쁨을 맛보고 있을 것입니다.

왜냐하면 천국은 사후에는 실제적으로 임하지만, 이 땅에 살 때에는 우리의 마음속, 내면에만 임하기 때문입니다.

당신의 생각을 좁은 길에 두십시오.
많은 사람들이 가는 길이
안전한 길이라고 생각하지 마십시오.
당신의 생각이 다른 사람들과 다르다고 염려하지 마십시오.
대다수 사람들은 이익을 추구하고 권리를 추구하며
바깥의 삶을 추구하다가 영원한 것을 잃어버리지만
당신은 세상이 구하지 않고 가지 않는
영의 길과 생명의 길을 가야 합니다.

부디 주님과 함께 좁은 길을 선택하십시오.
남들이 가지 않는 길을 가십시오.
당신의 생각이 다른 사람들과 달라도
당신이 지속적으로 주님을 붙들고 좁은 길을 갈 때에
주님은 그분의 귀한 은총과 영광을
당신에게 허락하여 주실 것입니다.

50. 마음과 생각을 넓히십시오

우리는 살아가면서 많은 영적 어린이들을 만납니다. 나이는 많고 경험은 많지만 영적으로는 아직 어린아이에 속한 이들을 많이 만나게 됩니다.

그들은 삶과 행동에 있어서 많은 미숙함을 보여줍니다. 어떤 사람은 약속을 지키지 않고도 태연합니다. 어떤 사람은 자신은 돌아보지도 않고 항상 남을 비난합니다. 어떤 이들은 전혀 남을 배려해주지 않습니다. 어떤 이들은 전화를 걸어 자기 얘기만 한참 하다가 끊습니다.

어떤 이들은 이유 없이 우리를 헐뜯기도 합니다. 어떤 이들은 마치 우리를 괴롭히는 것을 사명으로 받은 것 같기도 합니다. 겉으로는 예의를 지키지만 마음속으로는 날카로운 발톱을 숨기고 있는 사람들도 있습니다.

이 모든 사람들을 어린이들입니다. 그리고 우리가 그들을 만나게 된 것은 하나님의 허용하심 때문입니다. 그것은 우리의 마음과 생각을 넓히기 위한 주님의 프로그램에 들어 있는 것입니다.

우리의 삶 속에서 우연이라는 것은 없습니다. 우리가 당하는 일 중에서 우리의 영적 진보에 필요하지 않은 일은 없습니다.

이러한 사람들을 만나게 되는 것은 주님께서 우리의 포용력을 넓히시기 위한 것입니다. 주님은 우리가 어떻게 어린아이를 다루는지 보시고 싶어 하십니다. 우리가 화를 내는지, 그들을 용납할 수 있는지 주님은 우리를 지켜보기 원하십니다.

주님은 우리에게 '너는 이런 사람도 사랑할 수 있느냐? 고 물으십니다. 그분은 '나는 너와같이 부족한 사람도 받아주었다. 너는 저 사람을 용납하겠느냐? 하고 물어보십니다.

우리가 하나의 관문을 통과할 때 마다 우리의 영혼은 넓어지게 되며 더 많은 영계의 빛을 경험하게 됩니다. 우리는 우리를 시험하러 온 사람들이 나중에는 우리를 돕는 사람이 되는 것을 더러 발견하게 됩니다. 그것은 주님께서 우리에게 허락하시는 상급입니다.

그러나 우리가 이 시험들을 견디지 못하여 이를 갈고 용서하지 않으며 마음을 닫는다면 우리의 영혼은 점점 좁아져 나중에는 아주 작은 빛도 들어오기 힘들게 될 것입니다.

어떤 사람은 상처를 받았을 때 주님께 무릎 꿇고 그 마음을 돌리며 어떤 사람은 상처를 받은 후에 사람들에게 마음을 닫고 굳어지고 강퍅해 집니다.

동일한 고통을 통하여 어떤 사람은 아름다워지고 어떤 사람은 완악해 집니다. 극심한 가난을 겪은 후에 없는 사람의 심정을 잘 알아 도와주는 사람이 된 사람도 있고, 극심한 가난을 겪은 후 돈에 사로잡혀 극도의 인색한 사람이 되는 사람도 있습니다.

가슴이 찢길수록 어떤 사람은 주님의 사람이 되어가며 어떤 사람은 마귀의 자식이 되어갑니다.

고통과 어려움, 어린 영혼과의 만남은 하나의 건축 재료입니다. 이 재료로서 아름다운 집을 지을 수도 있고 쓰레기더미 같은 집을 지을 수도 있습니다. 이 모든 것은 재료의 문제가 아니라 집을 짓는 사람의 문제입니다.

환경이 사람을 만든다는 것은 진리가 아닙니다. 환경 자체보다 환경에 대하여 대응하는 사람의 마음, 사람의 생각이 진정한 자신을 만드는 것입니다. 그러므로 아무도 자신의 강퍅함과 교만함과 분노와 미움을 합리화시킬 수 없습니다.

어려운 일을 만났을 때, 어린 영혼을 만났을 때 주님을 바라보고 기도하십시오. 어떻게 행해야 할지 지혜를 구하고 어떻게 그를 사랑할 수 있을지 능력을 구하십시오. 그들을 미워하지 않고 불쌍히 여기며 그들을 통하여 배울 수 있는 메시지를 주님께 구하십시오.

당신의 마음을 넓히십시오.
당신의 생각을 넓히십시오.
마음과 생각이 넓어질수록
당신은 주님의 통로가 될 수 있습니다.
주님의 마음과 주님의 눈을 가지고
사랑의 시선으로 사람들을 대하며 용납할 수 있다는 것.
그것은 진정한 승리이고 기쁨이며
주님께 속한 영혼의 행복인 것입니다.

51. 대화를 조심하십시오

어느 여집사님이 이웃집 아줌마들과 우아하게 차를 마시며 수다를 떨고 있었습니다. 그 날의 화제는 '남편들의 은밀한 외도'에 관한 것이었습니다. 어느 부인이 말했습니다.

"J 엄마, 요즘 남자들이 티를 내고 외도하는 줄 알아요? 전혀 그렇지 않아요. 낮에도 잠깐씩 시간을 내서 얼마든지 재미를 보고 또 그런 데가 얼마나 많은데요. 그러고도 아무 일 없다는 듯이 시치미를 뗀다니까요. J 엄마는 참 아무 것도 몰라. 참 순진하기는.."

그런 대화가 오고 갔습니다. 허무한 대화들을 마치고 집으로 돌아온 여집사님은 일이 손에 잡히지 않았습니다.

그녀는 용모도 그리 아름답다고는 볼 수 없었습니다. 그렇다고 성품이 아름답다고 하기도 어려웠습니다. 남편과는 평소에 거의 대화가 없었으며 두 사람은 그저 습관적으로 살아가고 있을 뿐 그리 친밀한 관계라고 할 수는 없었습니다.

그녀는 문득 의문이 일어나기 시작했습니다. '남편은 과연 나를 사랑하는 걸까?' 그녀는 확신이 없었습니다.

'남편은 지금 바람을 피우고 있는 것은 아닐까?' 그녀는 역시 그렇지 않다고 확신할 수가 없었습니다.

그녀는 몹시 마음이 불안해졌습니다. 그녀는 남편에게 전화를 했습니다. 남편은 회사에 없었습니다. 그녀는 다시 핸드폰으로 전화를 했습니다. 그러나 핸드폰의 전원을 꺼두었는지 전화는 연결이 되지 않았습니다.

그녀는 기도를 하기 위해 무릎을 꿇었습니다. 그러나 기도의 줄이 도무지 잡히지 않았습니다. 조금 전에 들었던 옆집 아주머니의 목소리만이 선명하게 되살아나고 있었습니다.

'J 엄마, 요즘 남편들이 티를 내고 외도하나요? 참, 아무 것도 모르고 순진하기는..'

그녀는 아무 것도 아닌 일로 아이들에게 짜증을 부렸습니다. 그녀는 하루 종일 불안과 짜증 속에서 남편의 귀가만을 기다리고 있었습니다.

이 여집사님의 문제는 무엇이었을까요? 그녀는 그녀의 마음, 그녀의 영혼을 악한 말과 악한 생각으로부터 지키지 못했던 것입니다.

물론 그녀가 비생산적인 교제에 참여하고 부정적이고 불신앙적인 분위기의 대화에 끼어든 것은 잘못입니다. 그런 분위기 속에서는 결코 영혼의 유익을 얻을 수 없을 것입니다.

그러나 우리가 이 세상에서 살다보면 좋든 싫든 그러한 영향권에서 벗어날 수 없을 때가 많이 있습니다. 우리가 모든 사람과의 만남을 회피하고 산 속에서 살 수는 없기 때문입니다.

그렇다면 그렇게 부정적인 언어와 생각의 만행이 저질러지고 있는 곳에 우리가 있을 때에는 어쩔 수 없이 우리 영혼이 그러한 악한 말과 생각의 영향 속에 들어가야 할까요? 우리 영혼이 초토화를 당하고 있어야만 할까요?

아닙니다. 그러한 상황에 있을 때에도 우리의 마음을 잘 지킬 수만 있다면 우리는 피해를 최소화할 수 있을 것입니다.

여기서 그녀의 문제점을 몇 가지 살펴보겠습니다.

첫째로, 그녀는 그녀의 남편보다도 이웃집 아주머니의 말을 더 신뢰했습니다. 그랬기 때문에 악한 상념이 그녀의 영혼을 침투할 수 있었던 것입니다.

이유여하를 막론하고 배우자보다 더 친밀한 관계가 있다면 그것은 매우 위험한 요소를 내포하고 있는 것입니다. 만일 그 친밀한 관계의 대상이 이성이라면 그 파괴력은 상상을 초월하게 될 것입니다.

둘째로, 그녀는 희망적이고 아름다운 말과 생각을 받아들인 것이 아니라 부정적이고 파괴적인 의심과 두려움에 대한 생각을 받아들였습니다. 그것은 그녀의 마음이 빛보다는 어두움의 쪽에 가까운 것을 보여주는 것입니다. 왜냐하면 앞의 글에서도 언급했듯이 상념과 영들은 비슷한 종류끼리 서로 모여들기 때문입니다.

셋째로, 그녀는 생각의 힘, 생각의 창조성에 대하여 무지했습니다. 생각에는 힘과 에너지가 있는 것입니다.

그녀가 남편을 생각하며 남편에게 신뢰하는 마음을 보낸다면 그녀는 남편에게 사랑의 에너지를 보내는 것이며 그 에너지는 남편을 보호할 것입니다. 그러나 그녀가 남편을 의심하며 불안하게 느낀다면 그녀는 그 순간 남편에게 악한 에너지를 보내게 되는 것입니다. 만약 그녀의 부정적인 마음이나 집념이 강한 경우에는 남편에게 아주 나쁜 영향력을 행사할 수도 있게 되는 것입니다.

무지한 것은 죄는 아닙니다. 그러나 그 결과로 피해를 입는 것을 막을 수는 없습니다.

넷째로, 그녀는 교회를 다니는 신앙인 이었고 입술로는 주님께 신앙을 고백하며 살았으나 이처럼 구체적인 생활의 현장에서는 믿음을 적용하지 못했습니다.

믿음이란 하나님과 그분의 말씀을 신뢰하는 것입니다.

시편 91편 9,10 절을 보면 '네가 말하기를 여호와는 나의 피난처시라 하고 지존자로 거처를 삼았으므로 화가 네게 미치지 못하며 재앙이 네 장막에 가까이 오지 못하리니' 라고 말씀하고 있습니다.

하나님께서는 그녀를 사랑하시며 그녀의 가정을 지키시는 분입니다. 그녀는 그 말씀을 신뢰해야 했었습니다. 그러나 그녀는 하나님의 말씀보다 이웃집 아주머니의 말을 더 신뢰했던 것입니다. 그러므로 그녀의 마음에 불안이 가득하여 영혼의 평화를 빼앗긴 것은 당연한 것이었습니다.

다섯째로, 그녀는 사악한 영들이 사람들의 입술을 통하여 사람들의 마음속에 두려움, 미움, 분노, 좌절 등을 심기 위하여 열심히 돌아다니고 있으며 많은 사람들이 그러한 사탄의 도구가 되고 있다는 것을 전혀 알지 못했습니다. 알았다면 아마 조심을 했겠지요. 그랬기 때문에 그녀는 이웃집 아주머니의 입을 통하여 흑암의 권세가 자기의 영혼에 침입하는 것을 알지 못했으며 그녀의 마음을 지키지 못했던 것입니다.

오늘날 지금 이 순간에도 얼마나 많은 악한 영들이 사람들의 입술을 통하여 생각을 통하여 사람의 영혼을 파괴하고 있는지 모릅니다.

얼마나 많은 교회와 가정이 이로 인하여 파괴되고 무너지고 있는지 모릅니다. 오늘날 깨어서 근신하며 자신의 영혼을 지키기 위하여 노력하는 사람들은 그리 많지 않습니다.

부디 깨어있으십시오. 사람과의 대화를 조심하십시오. 만남을 조심하십시오. 만남과 대화가 당신의 영혼에 유익이 되도록 하십시오. 영혼에게 유익이 되지 않는 만남, 분위기를 할 수만 있다면 피하십시오.

어둡고 건강하지 못한 화제가 나올 때 가능하면 지혜롭게 화제를 돌리십시오. 자연스럽게 다른 분위기로 유도하는 것이 직접적으로 면박을 주거나 훈계를 하는 쪽 보다 더 낫습니다.

대화에는 영의 전달이 있습니다.

악한 영은 악한 생각을 통하여 역사합니다.

대화를 통하여 악한 영이 전달되며 악한 생각이 전달되지 않도록 당신의 마음을 굳건하게 지키십시오.

어두운 영과 어두운 생각으로부터 당신이 자신을 보호할 수 있을 때 당신은 결코 몸과 마음의 건강과 행복을 잃어버리지 않게 될 것입니다.

52. 마음을 다스리면 행복해 집니다

　토요일 아침 아내와 함께 교회에 가서 기도와 청소를 하고 집으로 오는 길이었습니다. 시간은 열두 시 가까이 되었고 아침을 거른지라 배가 몹시 고팠습니다.
　집으로 가는 길목에 떡볶이 집이 있습니다. 나는 이 가게에서 500원 어치의 떡볶이를 사곤 합니다. 컵볶이 라고 해서 조그만 종이컵에 떡볶이를 넣어주는데 나는 길에서 그것을 먹으면서 집으로 가곤 합니다. 아내가 남 보기 창피하다고 혀를 차지만, 나는 너무나 행복하게, 맛이 있게 먹으면서 갑니다.
　이 날도 나는 이 가게에서 컵볶이를 달라고 합니다. 그런데 아주머니는 화를 내면서 못 팔겠다고 합니다. 그러면서 큰소리로 투덜거립니다.
　"개시인데, 재수 없게.."
　상인들이 더러 뒤에서 투덜거리는 것은 보았지만, 이렇게 정면으로 들리도록 큰 소리로 화를 내는 것은 보기 드문 일입니다. 아주머니의 얼굴은 몹시 격앙되어 있고 사납습니다. 나는 순간적으로 선택의 기로에 놓이게 되었습니다.
　내가 취할 수 있는 선택은 크게 나누면 두 가지가 될 것입니다. 첫 번째의 선택은 불쾌한 마음으로 '내가 이 집을 다시는 오나 봐라' 하고 결심하고는 조용히 떠나는 것입니다.

그러나 이 선택은 별로 영적이지 않은 선택입니다. 이것은 타고난 본능적인 방법입니다. 싸우거나 항의를 하는 선택보다는 낫겠지만 겉으로 불쾌함을 표시하는 것이나 속으로 불쾌한 것이나 미움을 선택한 것은 마찬가지인 것입니다.

이 선택을 하게 되면 나는 이 가게를 지나갈 때마다 마음이 불편해 질 수도 있습니다. 그녀와 눈이 마주치지 않으려고 애를 써야 할지도 모릅니다. 또한 기도할 때마다 이 생각이 자꾸 떠올라서 괴로울지도 모릅니다. 아무튼 이 방법은 별로 좋은 방법이 아니라는 사실만은 분명한 것 같습니다.

두 번째의 선택은 그녀를 주님으로 생각하고 그녀의 분노를 주님의 훈련과 메시지로 생각하고 그녀의 노여움을 풀어주기 위하여 노력하는 것입니다. 나는 그녀의 마음을 상하게 했지만 그것은 나의 본의가 아니었으며 나는 그녀와 적이 되어야 할 이유가 없었기 때문입니다.

나는 두 번째의 방법을 선택하였습니다. 조금 자신이 없기는 하지만 그래도 나는 주님의 편에 서기 위해서 애쓸 것이고 주님께서도 이런 나의 노력을 가상히 여겨 주실 것입니다.

나는 아주머니에게 이야기합니다.

"죄송합니다, 아주머니. 저는 지금이 개시인줄 몰랐어요. 그러면 얼마 정도를 사먹으면 될까요? 저는 지금 집에 가서 밥을 먹어야 하기 때문에 많이 사먹기는 곤란하거든요? 저, 오뎅이랑 같이 1000원 어치만 먹으면 될까요?"

그녀는 계속 화난 표정을 지닌 채 아무런 응답이 없습니다. 그러나 계속 화를 내지는 않는 것을 보니 조금 기분이 풀리신 모양입니다. 그녀는 말없이 오뎅을 주고 나는 그것을 먹습니다. 그리고 떡볶이도 먹습니다. 이제 나의 관심은 먹는 것이 아니라 그녀의 기분을 풀어주는 데에 있는 것입니다. 왜냐하면 나는 지금 이 훈련을 잘 통과하는 것이 배를 채우는 것보다 중요해졌기 때문입니다.

조마조마한 마음으로 먹는 것을 마치고 나는 돈을 그녀에게 건넵니다. 그리고 말합니다.

"감사합니다. 아주머니 참 맛있게 잘 먹었어요. 오늘 하루 장사 잘 하세요. 잘 되실 거예요. 그럼 또 올 게요. 안녕히 계세요."

다행히 그녀는 기분이 풀렸는지 조금 웃는 모습을 보입니다.

나도 기분이 아주 좋습니다. 내가 그녀의 마음을 풀어주기 위해서 더 쓴 돈은 500원에 불과합니다. 그러나 그 500원 투자의 결과는 얼마나 놀라운 것인지요!

나는 작은 승리를 한 것입니다. 그러나 이렇게 작은 일에 승리할 수 있다면 다음에는 좀 더 큰일에도 승리할 수 있겠지요.

그 후에도 이사 가기 전까지 여러 번 우리는 그 집에 들렀습니다. 그 아주머니가 우리를 기억하시는지는 알 수 없지만 그 후에는 그녀가 화난 모습을 볼 수 없었고 항상 웃으시면서 친절하게 대해주셨습니다.

어느 날 아내가 말합니다.

"여보, 정말 사람은 한 번 보고 알 수 없는 것 같아요. 전에 저

아주머니를 처음 봤을 때는 너무 사납고 무섭게 보였어요. 그래서 별로 좋지 않은 사람인가보다 하고 생각했는데, 그런데 저렇게 웃고 친절하게 대해주니까 정말 사람이 달라 보여요. 지금은 아줌마가 너무 인자하게 보이거든요? 그러니, 사람이 한번 실수한 것을 가지고 함부로 판단을 내리면 안 된다는 것을 배웠어요."

나도 아주 기분이 좋아져서 말합니다.

"당신도 많이 성장하고 있군요."

선택의 기로에서 우리가 생각을 다스릴 수 있다면
그래서 좋은 선택을 할 수 있다면
우리는 승리하게 될 것입니다.
마음을 다스릴 수 있다면
좋지 않은 상황에서도
우리는 많은 것을 배울 수 있습니다.
계속 배워가며 새로운 것을 깨달으면서
우리는 성장하게 되는 것입니다.
즐거움과 행복을 덤으로 얻으면서 말입니다.

53. 생각과 행동은 부메랑처럼 돌아옵니다

사람들은 본의 아니게 고통스러운 일을 겪게 될 때 억울하다거나 불운하다고 생각합니다. 또한 즐거운 일을 경험하게 될 때 무척 운이 좋았다고 생각합니다.

그러나 이 세상에는 근본적으로 우연이라는 것은 없습니다. 성경에는 참새 한 마리도 하나님의 허락 없이는 땅에 떨어지지 않는다고 기록되어 있습니다. (마10:29) 어떤 사건의 배후에는 아마 우리가 알지 못하는 어떤 원칙들이 작용하고 있을 것입니다.

우리가 흔히 간과하고 있는 것이 생각의 부메랑의 법칙입니다. 그것은 우리가 심은 생각과 말과 행동이 비슷한 형태로 증폭되어 돌아오는 것을 말합니다.

하늘에서 내린 빗물은 땅에서 흐르고 흘러 바다가 되고 나서 증발되어 하늘로 올라갑니다. 그리고 그것은 다시 빗물이 되어 내립니다. 그것은 사라지는 것이 아니라 계속 움직이며 돌아오는 것입니다.

사람이 땅에 쓰레기를 버리고 오염물질을 버리면 그것은 물속에 섞이게 되고 결국은 우리의 몸속으로 돌아오게 됩니다.

이와 같이 우리의 모든 행동은 언젠가는 부메랑과 같이 우리에게로 돌아오며 그런 의미에서 우리가 당하는 일들은 우리가 언젠가 알지 못하는 사이에 심었던 것일 수 있는 것입니다.

직장에서 남편이 화가 나서 집에 들어옵니다. 그는 아내에게 이유 없이 화를 냅니다. 아내는 화가 나서 아들에게 신경질을 냅니다. 억울한 아들은 강아지를 발로 찹니다. 강아지도 화가 나서 닭에게 화풀이를 합니다. 강아지가 덤벼들자 닭은 놀라서 장독 위로 뛰어오르다가 그만 장독을 넘어뜨려 깨뜨려 버립니다. 그 결과로 장독 속에 소중하게 담아두었던 고추장이 다 밖으로 쏟아집니다.

결국 남편의 분노가 모든 사람들에게 영향을 미치게 되고 그 피해는 남편에게까지 다시 돌아오는 것입니다.

이것은 간단하고 입증하기 쉬운 예화입니다. 그러나 복잡하고 서로 별로 연관이 없어 보이는 사건에도 사실 내적으로는 깊은 연관성이 있을 수 있는 것입니다.

어떤 사람이 다른 사람에게 불쾌하게 대했을 때 그는 그것을 쉽게 잊어버릴지 모릅니다. 그는 그 사실이 자기의 기억 속에 남아있지 않으므로 우주 어딘가에 사라졌다고 생각할 것입니다. 그러나 이 우주 안에서 에너지의 총량은 변화되지 않습니다. 빛 에너지는 열 에너지로, 회전 운동 에너지는 직선 운동 에너지로 전환되는 식으로 에너지의 형태와 성질이 바뀌는 것일 뿐 그 에너지가 소멸되어 없어지는 일은 없는 것입니다.

그는 기억에 없을 지라도 그가 불쾌하게 대했던 사람은 마음이 상하게 되고 그가 받았던 공을 다른 사람에게 넘기게 될 것입니다. 그러면 그 사람은 그 공을 다시 다른 사람에게 넘기게 되고 그러한 일들이 반복되는 과정에서 공의 힘은 증폭됩니다.

그리고 언젠가 때가 되면 그 공은 최초의 그 사람에게 돌아가게 되는 것입니다. 그러니 어떤 사람이 억울한 일을 겪을 때, 그것이 자신에게는 전혀 책임이 없는 일이며 억울한 일이라고 단정 지을 수는 없는 것입니다.

에너지를 반대로 사용한 경우를 살펴봅시다. 어떤 사람이 다른 사람에게 친절하게 대해 주었을 때 상대방을 행복하게 만들어준 그 에너지는 언젠가는 그에게로 다시 되돌아오게 될 것입니다.

그는 자기가 베푼 그 사람에게 직접 받지는 못한다고 하더라도 누구를 통해서든, 어떤 경로를 통해서든 그 사람은 심은 것을 받을 수 있게 될 것입니다. 그것은 자연의 법칙이기 때문입니다.(창8:22)

그러면 왜 우리는 우리가 준 사람에게 직접 받지 못하고 다른 사람을 통해서 받게 될까요? 왜 이 사람에게 선행을 베풀고 다른 사람에게 받으며, 저 사람에게 나쁜 일을 했는데 엉뚱한 사람에게 갚음을 당해야 할까요? 만일 본인에게 직접 받게 되면 우리는 그 메시지를 쉽게 이해할 수 있을 것이며 오해나 억울함이나 괘씸함을 느끼지 않아도 될 텐데 말입니다.

그 이유는 각 사람의 영적 수준, 영적 발전 상태에 따라 역할이 다르기 때문입니다. 주로 남에게 상처를 주는 역할을 하는 사람도 있고, 남을 치료해주는 역할을 맡는 이들도 있습니다. 남에게 주지 못해 안달을 하는 사람도 있고 주는 것을 몹시 아까워하는 사람도 있는 것입니다.

그러므로 어떤 사람은 받기만 하고 어떤 사람은 주는 역할만 합니다. 어떤 사람은 주로 남을 아프게 하는 도구로 쓰여지며 어떤 사람은 주로 사랑과 친절을 베푸는 도구로 쓰여집니다.

나쁜 역할을 하는 사람이 필요 없는 것은 아닙니다. 그들은 남을 괴롭게 함으로써 남들의 성장을 돕는 일을 합니다. 하지만 그들 자신은 심판을 피할 수 없습니다.

그것은 그들의 사명이 아니라 그들의 영혼이 발전되지 않았기 때문에 악을 좋아하게 되고 그 자신의 성향에 따라 그러한 역할을 맡게 되기 때문입니다.

그러므로 어떤 사람에게 친절을 베풀었다고 그 사람에게서 그에 대한 대가를 기대하는 것은 바른 자세가 아닙니다. 우리는 아무런 기대가 없이 조금도 돌려받기를 기대하는 마음이 없이 친절과 사랑을 베풀어야 합니다. 친절과 사랑의 행위는 상대방보다도 자신의 영적 성장에 도움이 되는 것이기 때문입니다.

우리가 선하게 대한 사람에게 보답을 항상 받는 것은 아닌 것처럼 우리가 어떤 사람에게 나쁜 행동을 했다고 해서 그에게 똑같은 일을 반드시 당하게 되는 것은 아닙니다. 그 사람의 성품과 영의 수준은 복수를 원하지 않을 수도 있기 때문입니다.

그러나 상대방이 복수하지 않는다고 해서 우리의 나쁜 행동이 사라지는 것은 아닙니다.

우리가 행한 나쁜 행동은 그와 비슷한 악한 에너지를 끌어당기기 때문에 영적 발전상태가 비슷한 수준의 상태에 있는 어떤 사람을 자극시켜서 언젠가는 나에게로 되돌아오게 될 것입니다. 이렇게 어떤 사람에게 심은 악을 다른 사람에게서 받게 되는데, 결국 우리는 우리가 심은 대로 그 결과를 얻게 되는 것입니다.

그러므로 우리가 억울한 일을 겪었을 때 우리는 원망하거나 불평하기에 앞서 자신이 당한 비슷한 일을 남에게 행한 적은 없는지 돌이켜 보아야 합니다.

나의 경험에 의하면 좋지 않은 일을 겪었을 때에 나의 지난날을 돌이켜보면 많은 경우에 내가 당한 일과 비슷한 일을 잘못 심은 것을 발견할 수 있었습니다.

그리하여 내가 과거에 심었던 그러한 잘못에 대하여 반성을 하면 내가 현재 겪고 있는 어려움들이 사라지곤 했던 것입니다. 나는 이와 비슷한 경험을 했다는 고백을 다른 사람들로부터도 많이 듣곤 했습니다.

어떤 이들은 아무리 생각해도 자신이 과거에 잘못한 일이 없는데 억울한 일을 겪는다고 생각할 지도 모릅니다. 만약 자신의 마음에 전혀 아무런 거리낌이 없다면 그는 그것을 주님께서 그의 마음을 더 넓혀주시고 주님의 마음을 그에게 주시기 위하여 인내 훈련을 시키시는 것으로 보면 될 것입니다.

나는 많은 사람들이 사소한 어려움을 겪을 때마다 하나님을 원망하며 사람들을 원망하는 것을 보았습니다. 자신의 책임이 있는 일에도 자신의 잘못에 대해서는 전혀 반성하지 않고 자신을 희생자로 여기며 억울하다고 하소연하는 이들을 많이 보았습니다. 그들은 시간을 낭비하고 있는 것입니다. 그러한 이들은 바르게 깨닫지 못하고 있는 것입니다.

그들은 오래 동안 동일한 고통을 반복하여 겪게 될 것입니다. 그리고 그렇게 인생을 보내며 아무런 영적 성장도 깨달음도 없이 고통과 분노와 절망 속에서 삶을 탕진하게 될 것입니다. 그것은 너무나 안타까운 일입니다.

우리는 날마다 생각과 말과 행동으로 무엇인가를 심고 또 심습니다. 그럼으로써 우리 자신을 계속 만들어 갑니다.

생명이 있는 한 샘물은 계속 흘러 강물이 되고 바다가 되며 언젠가는 비가 되어 다시 돌아와 샘이 되듯이 우리의 심은 것들은 계속 자라고, 자라고 흐르고 흘러 우리에게로 옵니다.

그러므로 우리는 날마다 아름다운 생각들을 심어야 합니다.
아름다운 언어를 심어야 합니다.
사람들에게 사랑과 친절로 대해주어야 합니다.
더 나은 미래와 행복한 삶을 위하여
우리는 항상 아름다움을 심어야 하는 것입니다.
당장 어떤 이익이나 효과가 나타나기를 기대하지 말고
당신 자신의 영혼과 아름다운 미래를 위하여
날마다 사랑을 심고 아름다움을 심으십시오.
그렇게 우리 영혼은 만들어져가고
우리의 미래는 형성되어 가는 것입니다.
포기하지 않고 그렇게 꾸준하게 아름다움을 훈련해갈 때
우리는 날마다 좀 더 천국에 가까워지게 될 것입니다.

54. 불쾌한 일은 좋은 기회가 될 수 있습니다

우리가 이 땅에 존재하는 이유는 영혼의 성장을 위한 것입니다. 어떤 이들은 단순히 신앙을 가지고 있기만 하면 영혼이 성장하는 줄 압니다.

그러나 그렇지 않습니다. 하나님의 말씀을 우리의 삶과 인격 속에 날마다 순간마다 적용해야 하며 이러한 반복을 통하여 영혼은 발전하고 성장하는 것입니다.

또한 날마다 경험하는 생각과 마음의 전쟁도 영혼의 성장을 위한 중요한 훈련입니다.

사람들은 누구나 즐거운 것을 좋아하고 불쾌한 경험을 싫어합니다. 그러나 영혼의 차원에서는 즐거운 일이 반드시 좋은 것은 아니며 불쾌한 일이 꼭 나쁜 것만도 아닌 것입니다. 그러므로 우리는 즐거운 일에 너무 빠지지 말고 그것을 다스려야하며 불쾌한 일도 성장을 위한 좋은 기회로서 대처해 나가야 하는 것입니다.

작년 여름에 일주일정도 밤잠을 설친 일이 있었습니다. 그 이유는 바로 건너편 단독주택에 어떤 사람이 이사를 왔는데 그 집에서 기르는 덩치가 몹시 큰 진돗개가 밤마다 아주 심하게 짖어댔기 때문입니다. 이 개가 왜 짖어대는지 이유는 알 수 없지만,

아무튼 밤중에 사람이 근처에 조금만 지나가도 약 10분이나 20분쯤 계속 짖어댔습니다.

우리 집은 길가에 있었기 때문에 사람들이 자주 지나다녔고 따라서 그 개는 거의 밤새 짖는 것이었습니다. 그러니 도저히 잠을 잘 수 없는 것입니다.

내 방이 바로 그 집과 접해 있었으므로 나에게는 개의 짖는 소리가 아주 선명하게 들렸습니다. 깊은 여름밤, 날은 덥고 시끄러워 잠을 잘 수는 없고.. 그래서 기도하라는 신호인가보다 하고 기도만 하고 있다가 나는 아무래도 그 집주인에게 이야기를 해야겠다는 생각이 들었습니다.

그 집주인은 미국에서 몇 년 간 살다 오신 분이라고 들었기에 예의나 다른 사람을 배려하는 마음이 있을 것이라고 믿었습니다.

이상한 것은 주위에 있는 다른 집들의 반응이었습니다. 그 시끄러운 개 짖는 소리에 주위의 아무도 항의를 하지 않았습니다. 우리 집 건너편 빌라는 8가구가 사는데 이들은 사흘이 멀다 하고 싸우는 분들입니다.

몹시 성격이 격한 분들만 모였는지 욕설이나 폭력, 부부싸움 등이 자주 벌어져서 주위 사람들이 말리고, 신고하고, 경찰이 오고.. 이런 일이 자주 있었습니다. 그런데 어떻게 이렇게 거친 분들이 그 시끄러운 소리를 참고 있을까요?

나는 아마 이런 이유일 것이라고 생각합니다. 우리나라 사람들은 대부분 분노를 잘 다스리거나 표현할 줄 모릅니다. 뒤에서 욕은 잘하지만 앞에서는 내놓고 항의를 하지 못합니다.

대부분 웬만한 것은 참고 또 참습니다. 그러다가 참는 것이 한계에 이르면 폭발하여 싸움이 되는 것입니다. 그렇게 싸움이 되면 이미 시간이 오래 지난 일들을 끄집어내는 것이 보통이었습니다.

아마 빌라의 사람들은 속으로 욕을 하며 참고 있었을 것입니다. 그리고 언젠가는 큰 싸움을 벌일 것입니다. 나의 예측은 틀리지 않았습니다.

몇 달이 지난 후에 그들 중의 하나가 개 짖는 소리에 대하여 언급하면서 단독 주택의 주인에게 삿대질하고 욕하며 한참이나 싸웠던 것입니다. 몇 달 전의 일을 가지고 말입니다.

분노나 불쾌감은 결코 나쁜 감정은 아닙니다. 그것은 자기의 고유 속성에 대한 방어와 보호를 위한 것이며 더 높은 세계를 향한 발전을 위하여 하나님께서 우리에게 주신 귀한 선물입니다. 다만 이러한 항의와 유감의 표시를 격앙된 감정으로 표현하지 않고 그것을 다스리고 통제하여 부드럽고, 따뜻하며 자연스럽게 표현할 수 있는 것이 필요한 것입니다.

그 날 밤 12시가 넘은 시간이지만 30분이 넘도록 개가 쉬지 않고 짖어대자 나는 할 수 없이 일어나 그 집으로 갔습니다.

초인종을 누르자 주인아주머니의 음성이 들립니다.

"누구세요?"

나는 최대한 부드럽게 대답합니다.

"안녕하세요. 늦은 밤에 죄송합니다. 저는 옆집의 2층에 사는 사람인데요. 개가 짖는 소리가 너무 시끄러워서 잠을 잘 수가 없어서 왔는데, 잠깐 얘기 좀 할 수 있을까요?"

50대쯤의 아주머니가 나오고 무슨 일인가 싶어 장성한 아들도 같이 나왔습니다. 아주머니는 내가 위협적인 사람이 아닌 것을 알고는 곧 아들을 들여보냈습니다.

내가 먼저 말을 시작했습니다.

"죄송해요. 이사 온지 얼마 되지 않았는데, 이웃에서 이렇게 초면에 항의부터 하고.. 괜히 잠을 깨운 것은 아닌가요?"

그녀는 나의 우호적인 태도에 일단 안심하는 모습입니다.

"괜찮아요. 그럴 수도 있죠. 그런데 개 짖는 소리가 그렇게 시끄러운가요?"

"예. 저의 집은 바로 붙어있기 때문에 아주 크게 들립니다. 원래 소리는 아래에서 위로 올라가잖아요. 그래서 제가 한 주일 동안 밤을 꼬박 새웠어요. 지금도 많이 망설이다가 내려온 겁니다. 기분이 언짢으실 것 같아서."

그녀는 아직 납득이 잘 안가는 모양입니다.

"하지만, 개라는 게 뭐예요. 집을 지키는 것 아닌가요? 집을 지키려고 하면 좀 짖을 수도 있는 것 아닌가요?"

나는 이 개가 짖을 수도 있는 보통의 수준을 훨씬 넘어선다는 것, 행인이 지나가기만 해도 오랫동안 큰소리로 짖는다는 것을 이야기했습니다. 그리고 때로는 아무 이유 없이 - 개 자신이 생각할 때는 이유가 있겠지만 인간이 생각하기에는 별 이유가 없이 - 혼자서 짖는다고 말했습니다.

조금 어려운 이야기였지만 나는 몹시 조심하면서 그녀에게 대하여 신뢰와 애정을 품고 부드럽게 이야기를 해나갔습니다.

어느 정도 이야기가 진행되자 이상하게도 우리사이에는 편안한, 친구와 같은 분위기가 조성되었기 때문에 나는 그녀의 특유의 목소리를 장난스럽게 흉내 냈습니다.

"하지만, 인간이라는 게 뭐예요. 밤에 잠을 자야 되는 게 아닌가요? 그래야 낮에 제대로 활동할 수 있는 것 아닌가요?"

그녀는 내가 그녀의 목소리를 흉내 내는 것을 듣고 한참동안 웃었습니다.

이제 우리의 이야기는 개의 이야기에서 그녀의 고향, 미국에서 온 이야기 등 여러 다른 주제로 흐르게 되었습니다. 무더운 여름밤, 자정이 넘은 시간에 개 짖는 소리로 시작된 우리의 만남과 대화는 마치 오래된 친구를 만난 것처럼 즐겁고, 부드럽고, 감미로웠습니다. 그것은 아주 재미있는 시간이었습니다.

어떻게 보면 불쾌하고, 하기 어려운 이야기를 조심스럽게, 상대방을 존중하고 사랑하는 마음으로 따뜻하게 할 수 있다는 것은 참으로 행복한 일입니다.

물론 그렇게 했을 때 전혀 먹혀 들어가지 않는 상대를 만날 수도 있을 것입니다. 그럴 때는 무리하게 대화를 시도하는 것이 좋지 않을 것입니다. 우리는 모든 상황에서 모든 사람과 항상 말이 통하는 것은 아니기 때문입니다.

그러한 경우에는 그러한 고통과 불편을 감수하는 것이 뭔가 나의 영적 성장에 필요하기 때문에 주님께서 허락하신 것으로 인정하고 무엇을 배워야 하는지 주님께 묻고 기도하며 즐거운 마음으로 그것을 감당하면 되는 것입니다.

시간이 흐르고 그녀는 내게 인사를 했습니다.

"저 때문에 고생을 했는데, 이렇게 잘 대해주시니, 얼마나 고마운지 모르겠군요."

나도 인사를 했습니다.

"아닙니다. 즐거웠는데요. 개 때문에 아주머니를 알게 되었으니 참 기쁘고 좋군요."

그녀가 개에게 어떻게 했는지는 모르지만, 그 이후부터는 개의 짖는 소리는 거의 들려오지 않았습니다.

그녀는 그 다음날 여러 사람들에게 저 이층에 사는 남자가 누구냐고 물어보았던 모양입니다. 우리 집 위층에 살고 있는 주인이 그녀에게 "목사님이세요." 라고 대답하자 "아아, 어쩐지.." 라고 했다고 합니다.

그 후로 우리는 마주치면 눈인사를 나누고 대화도 하는 사이가 되었습니다. 개 짖는 소리 때문에 서로 간에 좋은 이웃이 된 것입니다.

이것은 작은 승리의 이야기입니다. 우리가 삶에서 겪을 수 있는 억울함이나 아픔이나 곤란과 같은 것은 우리가 더 섬길 수 있고, 사랑할 수 있고, 감사할 수 있고 영혼이 발전될 수 있으며 삶의 아름다움과 환희를 경험할 수 있는 좋은 기회라는 것을 저는 이 이야기를 통해 나누고 싶은 것입니다.

사람들은 좋은 일을 만났을 때, 또는 연인이나 가족들과 함께 있을 때 등에서만 즐겁고 행복한 마음을 가지려고 합니다. 그래서 자기가 좋아하는 사람의 앞에서만 웃고 그렇지 않은 사람들의 앞에서는 찡그리고 경직된 표정으로 무심코 지나칩니다.

그러나 그렇게 좁은 의식을 가지고는 우리의 인생에서 우리가 즐길 수 있는 영역이 너무나 적게 될 것입니다.

우리는 원한다면 어떠한 상황도 즐길 수 있으며 어떠한 관계도 즐길 수 있습니다. 심지어 불편한 상황에서도, 우리에게 적의를 가지고 있는 사람과 있을 때도 우리가 마음먹기에 따라서는 마치 연인을 대하듯이 즐길 수도 있는 것입니다.

우리가 훈련을 통하여 그러한 마음을 가지는 것에 성공할 수 있다면 우리의 삶의 행복한 영역은 매우 증가될 것입니다. 아주 많은 순간에, 아주 많은 관계에서 즐겁고 행복하게 지낼 수 있는 것입니다.

영적으로 어릴 때 우리는 우호적인 사람 앞에서만 행복할 수 있지만 영적으로 성장할수록 우리는 적대적인 사람 앞에서도 사랑하며 행복할 수 있습니다.

그러므로 우리의 주님께서는 그를 배반한 가룟 유다를 사랑하셨으며 심지어 그를 십자가에 못 박는 사람들에게도 매우 애절한 사랑을 부으시고 그들을 불쌍히 여기셔서 다음과 같은 그의 마지막 기도를 남기셨던 것입니다.

"아버지여, 저희를 사하여 주옵소서. 자기의 하는 것을 알지 못함이니이다." (눅23:34)

그것이 바로 주님의 마음입니다. 그리고 우리는 주님의 그 마음을 배워야 합니다.

우리는 세상과 싸웁니다. 세상은 미움과 욕설과 중상모략으로, 우리는 사랑과 겸손과 온유로 그들과 싸웁니다.

세상의 미움이 우리의 사랑보다 강하면 우리는 싸움에서 지게 되고 그리하여 서로 미워하게 될 것입니다. 그러나 우리의 사랑이 세상의 미움보다 강하다면 우리는 싸움을 이기게 되고 서로 사랑할 수 있게 되는 것입니다.

분노할 수 있는 많은 상황, 많은 기회가 올 때, 부디 사랑으로 승리하십시오. 분노에 굴복하지 마십시오. 불평을 터뜨리고 비난하려는 욕망에 굴복하지 마십시오. 부드러움으로 그것을 극복하십시오. 사랑의 마음으로 그것을 이기십시오. 그 어려움을 당신의 수준을 향상시킬 수 있는 좋은 기회로 삼으십시오.

기억하십시오.

불쾌하고 어려운 일이 있을 때 그것은 좋은 기회입니다.

당신이 생각을 바르게 관리할 수 있다면

당신은 그 어려움을 통하여

아름다운 열매를 맺을 수 있게 될 것입니다.

그리고 바로 그것이 곧

주님을 사랑하는

아름다운 영성인의 삶인 것입니다.

55. 능력에서 지혜로, 지혜에서 사랑으로 발전해 가십시오

영계의 영역은 3층으로 형성되어 있습니다. 1층은 능력의 차원입니다. 2층은 지혜의 차원입니다. 3층은 사랑의 차원입니다.

어떤 사람의 영성 발달 수준은 1층에 속해 있고, 어떤 사람은 2층에 속해 있으며, 어떤 사람은 3층에 속해 있습니다.

1층은 본능적이며 자연적인 차원, 은사적인 차원의 세계입니다. 이곳은 약육강식의 사회입니다. 동물적인, 육체적인 영역에 속합니다. 성경에서 이곳은 애굽으로 묘사됩니다.

이 단계의 신앙은 본능적인 욕망의 수준에 머물러 있습니다. 이들은 고통을 싫어하며 괴로운 문제를 해결하고 편하게 사는 것을 신앙의 목적으로 생각합니다. 이곳은 은사와 능력위주의 신앙 단계에 있습니다.

이곳에 있는 이들도 기도할 때 주님의 능력과 은총을 경험하지만 그것은 영혼의 깨어남이 아니며 육체에 임하는 외적인 능력과 표적에 속한 것입니다. 이 단계에서는 육체의 힘이 강하므로 아직 육체의 정욕, 욕심 등을 정복할 수 없습니다. 능력과 역사와 기적도 나타나지만 사람의 성질이 변화되지 않습니다.

2층은 진리와 지식의 단계이며 이곳에서는 무엇이 옳고 그른가, 진리인가 아닌가에 대하여 주된 관심을 가집니다. 이곳은 인간적인 영역입니다. 성경에서 이곳은 광야로 묘사됩니다. 이들은 인격적인 삶을 살려고 노력하며 말씀을 공부하고 배우며 많은 지식을 얻으려고 합니다.

그러나 이들도 별로 자유함을 누리지 못합니다. 이들은 은사적이고 기복적인 신앙을 비웃지만 이들도 삶에 있어서는 별로 나을 것이 없습니다. 그들도 여전히 삶의 많은 부분에 묶여 있습니다. 이들은 많은 지식을 얻기 원하고 얻지만 그것은 대체로 이론과 개념에 불과합니다. 이들은 살아 계신 하나님의 실제에 잘 접촉하지 못합니다.

이 광야는 혼란과 방황의 영역이며 가나안의 영계에 들어가기 전에 잠깐만 머물러야 하는 곳입니다.

3층은 신적인 영역이며 이곳은 사랑의 영역입니다. 이곳은 은혜와 긍휼이 지배하는 곳입니다. 이곳은 내적 생명이 풍부한 곳입니다. 성경에서 이곳은 가나안으로 상징적으로 표현됩니다.

이곳이 바로 하나님께서 인도하시고 부르시는 약속의 땅이며 이곳에 이르러 그리스도인들은 실제적인 주님의 임재와 연합을 알게 되며 진정한 자유와 삶의 열매를 경험하게 됩니다. 그러나 이곳에 도착하여 머무르고 있는 그리스도인들은 많지 않습니다.

1층의 영역에 있는 사람은 누가 강한가, 센가, 어떻게 위대해질 것인가, 어떻게 능력을 받아서 성공할 것인가에 대해 관심을 많이 가집니다.

2층의 영역에 있는 사람은 무엇이 참된 진리인가, 의미가 있는 것인가를 추구합니다.

 3층의 영역에 있는 사람은 주님 자신을 구하며 어떻게 주님을 알 것인가, 그분의 소유가 될 것인가에 대하여 깊은 관심을 가지며 은혜와 사랑이 최고의 삶의 가치가 됩니다.

 싸울 때 동물은 으르렁거리며 화를 냅니다. 그러나 동물은 지혜를 가진 인간을 이기지 못합니다. 마찬가지로 영혼의 영역이 1층에 머물러 있는 사람은 아무리 흥분해도 고요하고 차분하고 논리적인 사람을 이길 수 없습니다. 그들은 표면적으로는 이긴 듯하지만 지혜로운 사람을 이길 수 없습니다.

 지혜로운 사람은 모든 것을 꿰뚫고 진리를 터득한 것 같고, 생각과 언어의 합리성에서 뛰어난 것 같지만, 사랑의 영역에 있는 사람들을 이기거나 다스리지 못합니다.

 그들은 계통적으로 더 아래의 층에 있으며 이 땅에 사는 동안 더 나은 위치에 있어 보이지만 결국 그들은 덕과 사랑이 있는 사람에게 기대어 살게 됩니다.

 어느 분식집 아주머니가 하루는 남루하게 차려입은 취한 노인에게 몹시 곤욕을 치렀습니다. 그는 음식을 먹고 내지도 않은 돈을 냈다고 소리를 지르며 거스름돈을 요구하는 것이었습니다. 많지 않은 돈이라 결국 할 수 없이 내주었지만 그녀는 마음이 별로 좋지 않았습니다.

 나는 그날 밤 우연히 그 분식집에 들르게 되었습니다. 그녀는 나를 만나자 그 날 있었던 이야기를 하면서 그 시험의 영적 의미가 무엇인지에 대해서 나에게 물었습니다. 그녀는 왜 자기의 마음이 불편한 지에 대해서 나에게 물었습니다. 나는 그녀에게 세 가지의 행동원리에 대해서 이야기해주었습니다. 그리고 각 사람이 영적 상태나 위치에 따라서 문제를 다른 각도에서 보고 다르게 행동하게 된다는 것을 이야기했습니다.

이런 사람을 만났을 때, 힘으로 꼼짝 못하게 하려는 사람이 있습니다. 그들이 자주 쓰는 말은 '저런 사람은 참아주면 바보취급을 한다니까요' 입니다. 이런 사람은 지고는 참지 못합니다.

두 번째로, 논리적으로 설명하고 이해시키려고 애쓰는 사람이 있습니다. 하지만 모든 사람에게 논리가 먹혀 들어가는 것은 아닙니다. 이런 사람은 터무니없는, 억지스러운 불합리한 경우를 당할 때 견디기가 어렵습니다.

세 번째로, 상대방을 사랑의 마음으로, 주님의 마음으로 보려는 사람이 있습니다. 그의 관점은 이기고 지는 것이 아니고, 논리적으로 옳고 그른 것도 아니고 손해를 보느냐, 안 보느냐가 아닌, 주님의 마음에 있는 것입니다.

그는 주님께서 왜 이 사람을 내게 보내셨을까 생각합니다. 그는 주님께서 그 사람을 보시는 눈으로 그를 보려고 하며 주님이 주시는 메시지를 받으려고 애쓰는 것입니다.

내가 세 가지 유형의 행동 스타일을 이야기하자 그녀는 고개를 끄덕입니다.

"저는 두 번째 경우군요. 제가 이렇게 말했어야 되었나 봐요. '아저씨, 그 돈 갖고 되시겠어요? 몹시 힘들어 보이시는데 제가 얼마 좀 더 드릴게요.' 라고요."

그녀는 신앙생활을 시작한 지 얼마 되지 않은 초신자이지만, 진보가 빠릅니다. 나는 그녀에게 이야기합니다.

"물론 그쪽이 옳았겠지요. 하지만 너무 무리하실 수는 없을 것입니다. 마음에 없는데 억지로 하는 것은 별로 좋은 것이 아니니까요.

그리고 마음의 변화와 사랑과 희생의 관점은 그렇게 쉽게 한꺼번에 이루어지는 것이 아니니까요. 다만 항상 사랑의 입장에서, 주님의 관점에서 보려고 노력하는 것이 바른 방향이며 우리가 나아갈 길이며, 주님께서 이끄시는 길이라는 것만은 알 필요가 있겠지요."

그녀는 몹시 기뻐하며 고개를 끄덕이는 것이었습니다.

살아있는 동안 우리의 영혼은 더욱 더 깊은 영역으로 발전해 가야 합니다. 영혼이 발전할수록 우리의 생각과 의식은 새롭고 깊어지게 됩니다.

우리의 생각과 마음은 그렇게 발전하여 주님의 영역, 사랑과 은혜와 긍휼의 영역까지 계속 변화되어 가야 합니다. 완전한 평화와 완전한 사랑의 세계를 향하여 우리는 계속 성장의 길을 걸어가야 하는 것입니다.

56. 무거운 짐의 배달부는 누구인가요

주님을 신실하게 믿는 한 여성이 있었습니다. 그녀는 불행하게도 젊은 나이에 남편을 잃었고 많은 아이들을 부양하여야 했습니다. 그녀는 몸도 약했고, 마음도 약했고, 살아가는 것이 너무나 힘들었습니다.

그녀는 자주 울었고, 아이들은 엄마의 웃는 모습을 본 적이 없었습니다. 그녀의 얼굴은 항상 수심에 가득 차 있었던 것입니다.

어느 날 밤, 그녀는 너무나 지쳤고, 견딜 수 없이 슬펐습니다. 그녀는 엎드려서 울면서 기도했습니다.

"주님, 사는 것이 너무 힘이 듭니다. 주님, 저의 짐이 너무 무겁고 견딜 수가 없습니다. 주님, 제발 저의 무거운 짐을 가져가 주시옵소서."

그녀는 울다가 잠이 들었습니다. 다음날 아침, 잠이 깬 아이들은 부엌에서 어머니가 콧노래를 부르며 음식준비를 하고 있는 것을 보았습니다.

놀란 아이들은 모두 어머니에게로 모였습니다. 그들은 그러한 어머니의 모습을 처음 보았던 것입니다. 그들은 어머니에게 이렇게 물었습니다.

"엄마, 꿈에서 예수님을 만났어요?"

그녀는 빙긋이 웃었습니다.

"그래, 애들아. 너희들 말이 맞구나. 엄마는 꿈에서 예수님을 만났어."

그녀는 즐거운 표정으로 꿈 이야기를 시작했습니다.

그녀는 꿈속에서 어떤 넓은 광야 같은 길을 가고 있었습니다. 그 길에는 수많은 사람들이 길을 가고 있었습니다.

꿈속에 있는 그 광야의 길은 바로 이 세상의 인생길이며, 그 길을 걷는 수많은 사람들은 이 인생의 바다를 항해하는 사람들이었습니다.

그런데 그녀가 사람들을 살펴보니 그들은 모두가 하나같이 무거운 짐들을 지고 걸어가고 있는 것이었습니다.

어떤 사람은 머리 위에, 어떤 사람은 등에, 어떤 사람은 양팔에 짐 꾸러미를 끼고 피곤하고 지친 발걸음으로 그들은 비틀비틀 걸어가고 있었던 것입니다.

문득 그녀가 자신을 돌아보니 그녀 자신도 많은 짐을 지고 걸어가고 있었습니다. 그녀는 머리와 등과 팔과 모든 곳에 짐을 하나씩 진 채 길을 가고 있었던 것입니다.

그녀는 비록 꿈속이었지만 얼마나 힘들었는지 온 몸에 땀이 범벅이 되었습니다. 그런 가운데 그녀는 어떤 검은 그림자들이 그 길을 재빠른 걸음으로 돌아다니며 여기저기에 예쁘게 포장된 짐 꾸러미를 던져 놓는 것을 발견했습니다.

호기심으로 가까이 다가가서 그 짐 꾸러미를 보니 너무 예쁘고 탐스러워서 도저히 그냥 두고 갈 수가 없었습니다. 그래서 그녀는 또 다시 짐이 늘어나게 되었고, 그녀의 고통은 가중되었던 것입니다.

그렇게 힘들게 길을 가고 있는데 그녀는 뒤에서 무엇인가 어떤 소요가 일어나고 있는 것을 느꼈습니다.

사람들이 '예수님이다!' '예수님이다!' 하고 웅성거리며 말하는 소리를 들었던 것입니다.

예수님이라고? 그것은 진정 그녀에게 있어서 유일한 희망이요, 안식의 길이었습니다.

그녀는 기쁨에 차서 뒤를 돌아다보았습니다. 과연 저 멀리서 조용하고 온유한 빛 속에서 주님이 걸어오고 계셨습니다.

그녀의 가슴은 몹시 뛰었습니다. 그녀는 생각했습니다. '오! 내가 사랑하는 주님이 오셨구나! 이제 내 앞에까지 오시면 나는 주님께 나의 모든 것을 다 맡겨 버릴 거야!'

드디어 주님께서 그녀 가까이 까지 오셨습니다.

있는 힘을 다해 주님께 나아가서 그 앞에 엎드린 그녀는 기대에 차서 주님께 말했습니다.

"사랑하는 예수님! 저는 지금 짐이 많아서 너무 힘들어요. 제발 제 짐을 가져가 주세요!"

그러나 다음 순간 그녀는 자기의 귀를 의심했습니다.

"사랑하는 딸아, 나는 네 짐을 가져가지 않을 것이다."

놀라서 바라보는 그녀에게 주님께서는 그윽한 시선으로 바라보시면서 말씀하셨습니다.

"딸아, 너의 짐은 내가 준 것이 아니다. 또한 네가 져야 하는 짐도 아니다. 너는 그 짐을 누가 주는지 알지 못하겠느냐?"

그렇게 말씀하신 후 주님은 조용히 그녀를 지나쳐서 걸어가셨습니다. 놀라서 그 자리에 멍하니 서있던 그녀에게 갑자기 섬광과 같은 깨달음이 왔습니다.

조금 전에 보았던, 길거리에 예쁘게 포장된 짐을 뿌리고 다녔던 검은 그림자들이 생각났던 것입니다.

그녀는 되뇌었습니다.

"그렇다. 이 짐은 주님이 주신 짐이 아니야! 그리고 내가 져야 할 짐도 아니지! 이것은 나를 속이는 마귀, 사탄이 내게 준 것이야! 하나님이 나의 아버지신데 이따위 근심 걱정의 짐을 내가 질 이유가 없지!"

그녀는 짊어지고 있던 모든 짐들을 땅바닥에 내 팽개쳤습니다. 그리고는 발로 그것들을 마구 걷어찼습니다. 그리고 나서 가볍고 힘이 있는 걸음으로 걸어가기 시작했습니다. 그러다가 그녀는 꿈에서 깨어났던 것입니다. 그녀는 꿈 이야기를 마치고 아이들을 꼭 껴안으면서 말했습니다.

"알았니? 얘들아. 마귀는 우리에게 근심, 두려움, 염려 등의 짐을 준단다. 그러나 그 짐은 우리가 질 필요가 없는 짐이란다. 왜냐하면 주님께서 이미 우리의 짐을 다 담당하셨고 우리와 함께 계시기 때문이지. 얘들아, 하나님께 감사기도를 하자꾸나. 그리고 다 같이 찬송을 부르자꾸나!"

그들은 모두 기쁜 마음으로 기도를 하고 찬송을 불렀습니다. 슬픔과 근심이 많았던 그 가정은 바로 천국이 되었습니다.

이것은 단순한, 흘러 지나가는 꿈에 불과할까요? 아닙니다. 나는 그렇게 생각하지 않습니다. 많은 경우에 꿈은 우리에게 주시는 주님의 메시지입니다. 주님은 우리의 영혼을 깨우고 우리의 영혼이 주님 앞에 가까이 나아가도록 자주 꿈으로 우리에게 말씀하시고 격려하시는 것입니다.

당신은 어떠십니까? 당신도 혹시 이 여인처럼 주님이 주시지 않은 무겁고 피곤한 짐을 스스로 지고 살아가는 것은 아닌지요?

부디 당신이 지고 있는 짐을 내려놓으십시오.

그 짐을 지기를 거절하십시오.

당신의 생각을 지키십시오.

마귀가 무거운 짐, 두려움의 짐을 올려놓지 못하도록 당신의 등을 지키십시오.

주님이 우리를 사랑하시며 우리의 죄를 대신 담당하셨습니다. 그리고 오늘, 지금도 우리와 함께 동행하십니다.

그러니 우리는 오직 그분을 사랑하고 신뢰하며

종달새와 같이 노래하며 걸으면 되는 것입니다.

오직 주님만을 찬양합시다. 오, 주님, 할렐루야!

57. 주님께서 당신에게 감옥의 열쇠를 주셨습니다

오늘날 너무나 많은 사람들이 고통의 감옥 속에서 살고 있습니다. 외로움의 감옥, 슬픔의 감옥, 두려움의 감옥, 낙심의 감옥, 절망의 감옥, 분노의 감옥, 무기력의 감옥, 우울증의 감옥, 미움의 감옥.. 그 감옥의 종류는 한이 없습니다. 그들은 그 감옥 속에 갇혀 자기 신세를 한탄하고 하소연하고 있을 뿐, 그 속에서 나오려고 하지 않고 있습니다.

그러나 분명히 알아두어야 할 것이 있습니다.

첫째로, 그 감옥은 실제같이 보이지만, 자기의 생각이 만들어낸 환상에 불과하다는 것입니다. 그것은 너무나 견고하고 튼튼하게 만들어져서 도저히 나올 구멍이 없는 것같이 보이지만 환상 속의 감옥이고 그림자일 뿐, 실제의 감옥이 아니라는 사실입니다.

어떤 사람이 극장에 들어가 영화를 감상합니다. 그는 차츰 영화의 내용에 몰두합니다. 그는 주인공과 자신을 일치시킵니다. 주인공이 두려워하면 자신도 두려워하고, 주인공이 분노하면 그도 분노합니다. 주인공이 슬퍼하면 그도 슬퍼하며 주인공이 감격하여 울면 그도 같이 웁니다.

하지만 그는 지금 환상에 빠져있는 것입니다. 그는 영화 속의 주인공이 아닙니다. 영화는 영화일 뿐, 현실이 아닙니다. 잠시 후에 영화가 끝이 나고 어두웠던 극장에 불이 켜지면 그는 다시 환상에서 깨어날 것입니다. 그는 다시 자신에게로, 현실에게로 돌아올 것입니다. 그가 현실로 돌아오게 되면 환상은 더 이상 그에게 영향을 주지 못할 것입니다.

사람들은 삶이 너무 고통스럽다고, 외롭다고, 죽고 싶을 정도로 힘들다고 흔히 생각합니다. 그러나 그것은 그들이 자신의 생각으로 만든 환상일 뿐 실제가 아닙니다.

그들은 생각과 마음을 제대로 관리하지 못하여 허상에 속고 고통의 감옥 속에 있는 것입니다. 스스로 만든 환상의 감옥에 속아서 갇혀 있는 것입니다.

둘째로, 감옥에서 탈출하기 위하여 우리가 알아야 할 것은 그 감옥의 열쇠를 가지고 있는 것은 우리 자신이라는 것입니다.

우리는 우리의 감옥 속에 들어앉아 언제까지나 타인의 구조를 기다려서는 안 됩니다. 그 감옥을 만든 사람은 바로 우리 자신이기 때문에 구조를 할 수 있는 사람도 오직 우리뿐입니다.

아무도 우리를 도울 수 없습니다. 다른 사람들에게는 우리가 갇혀 있는 감옥이 보이지 않기 때문입니다. 그것은 우리만이 볼 수 있습니다. 그것은 우리가 만들었기 때문입니다.

우리는 무인도에 앉아서 구조선을 기다리는 사람들이 되어서는 안 됩니다. 누군가 우리에게 와서 닫혀 있는 감옥의 문을 열어 줄 것을 기대해서는 안 됩니다. 왜냐하면 그 감옥의 열쇠는 우리 손안에 있기 때문입니다.

우리의 손에 있는 열쇠를 사용해서 우리가 직접 감옥 문을 열어야 합니다. 우리가 만든 환상의 감옥을 우리가 직접 부숴 버려야 합니다.

하나님께서는 우리에게 생각할 수 있는 지성을, 감동할 수 있는 감정을, 선택할 수 있는 의지를 주셨습니다. 그러므로 그 열쇠를 사용하여 찬란한 바깥세계, 자유로운 세계로 나가는 것은 전적으로 우리에게 달려있는 것입니다.

마음은 싸움판입니다.

한 사람의 마음을 놓고 빛과 어두움의 수많은 상념들이 서로 차지하려고 싸움을 벌이는 곳입니다.

진정한 승리와 진정한 해방을 위해서 우리는 우리의 마음을 지킬 수 있어야 합니다.

그리고 우리의 마음을 빛으로 가득 채워야 합니다.

빛 되신 주님 자신과 주님의 말씀으로 가득 채워야 합니다.

오직 그분께서 오셔서 우리의 마음과 생각을 지배하실 때 우리는 어두움의 감옥에서 나오게 될 것입니다.

우리의 의식을 그분께 두고 우리의 마음을 관리할 수 있을 때 우리는 점점 사랑하게 되며 행복하게 살게 될 것입니다.

우리는 진정 마음을 지켜야 합니다. 왜냐하면 생명의 근원이 거기에서부터 나오고, 시작되기 때문입니다.

어두움의 감옥을 나와 이제부터 마음의 궁궐을 지으십시오.

주님과 함께 사랑의 궁궐, 용서의 궁궐, 섬김의 궁궐, 자비와 긍휼의 궁궐을 지으십시오.

과거에 우리가 감옥을 지었던 것과 똑같은 방법으로
이제는 주님과 함께 궁궐을 짓고
그곳에서 행복한 삶을 사십시오.
결코 그 궁궐 속에
미움과 욕심 같은 손님을 받아들이지 말고
영원한 천국을 경험할 때까지
이 땅의 여행이 끝날 때까지
계속적으로 아름다운 궁궐을 지어 가십시오.
주님을 찬양하십시다. 할렐루야!

"너희는 사도들과 선지자들의
  터 위에 세우심을 입은 자라
 그리스도 예수께서 친히 모퉁이 돌이 되셨느니라.
 그의 안에서 건물마다 서로 연결하여
 주안에서 성전이 되어가고
 너희도 성령 안에서 하나님의 거하실 처소가 되기 위하여
 예수 안에서 함께 지어져 가느니라." (엡2:20-22)

도서구입신청

도서 구입을 원하시는 분들을 위한 안내입니다.

1. 도서 목록 확인
페이지를 넘기시면 정원 목사님의 도서 전권이 안내되어있습니다.
도서 목록을 참조하셔서 필요로 하시는 책을 선택하십시오.
각 도서의 자세한 목차와 내용을 원하시면 정원목사 독자 모임 카페의 [저자 및 저서소개] 코너를 참조하십시오. (http://cafe.daum.net/garden500)

2. 책신청
구입하실 도서를 결정하신 후에, 영성의 숲 출판사로 전화를 주세요.
(02-355-7526 / 010-9176-7526. 통화시간: 월~금 오전 9시~저녁 7시)
신청 도서 목록을 알려주시면 입금하실 금액을 안내해 드립니다.
신청하실 때는 책을 받으실 주소와 전화번호를 함께 알려주세요.
책신청은 전화 외에도 영성의 숲 홈페이지의 [책신청] 코너,
출판사 이메일(spiritforest@hanmail.net)을 사용하실 수 있습니다.

3. 송금
안내 받으신 도서 대금을 아래 계좌로 입금해 주세요.
(국민은행: 461901-01-019724, 우체국: 013649-02-049367, 예금주: 이혜경)
신청자 성함과 입금자 성함이 일치하지 않는 경우에는 입금자 성함을
꼭 알려주셔야 확인이 가능합니다.

4. 배송
입금 확인 후에 바로 발송 작업을 하는데, 발송후 도착까지 보통 2-3일 정도가 소요 됩니다. 책을 급하게 필요로 하실 경우에는 일반 서점을 이용해 주세요. 해외 배송을 원하시는 분은 총판을 담당하고 있는 생명의 말씀사로 문의해주시기 바랍니다. (생명의 말씀사 080-022-1211 www.lifebook.co.kr)

<기도 시리즈>

1. 하늘의 권능이 임하는 부르짖는 기도 1
영성의 숲. 373쪽. 13,000원 / 핸디북 10,000원
부르짖는 기도는 모든 기도의 형태 중에서 가장 기본적이고 중요한 기도입니다. 이 기도를 바르게 배우고 적용한다면 하늘의 권능이 임하는 것을 경험하게 되며 모든 면에서 강건한 그리스도인이 될수 있을 것입니다.

2. 하늘의 권능이 임하는 부르짖는 기도 2
영성의 숲. 444쪽. 15,000원 / 핸디북 11,000원
부르짖는 기도 1권은 발성의 의미, 능력과 부르짖는 기도의 전체적인 원리를 다루 었으며 2권은 부르짖는 기도의 실제로서 구체적인 기도의 방법과 적용원리를 다루고 있습니다. 3부에 수록된 다양한 승리의 간증은 독자님들에게 좋은 도전이 될 것입니다.

3. 대적기도의 원리와 능력
영성의 숲. 400쪽. 14,000원 / 핸디북 11,000원
대적기도 시리즈 1편. 대적기도는 주님께 간구하는 기도가 아니며 우리에게 주어진 권세와 능력을 발견하고 사용하여 능력과 승리를 경험하는 기도입니다. 이 기도를 알게 될 때 당신의 삶은 진정 달라지게 될 것입니다.
휴대를 위한 작은 사이즈의 핸디북도 있습니다.

4. 대적기도의 적용 원리
영성의 숲. 424쪽. 14,000원 / 핸디북11,000원
대적기도 시리즈 2편. 대적기도에도 원리와 법칙이 있습니다. 그 원리와 법칙을 잘 익혀서 실제의 삶에 적용한다면 우리는 풍성한 삶을 살 수 있습니다. 이 책에서는 그 원리들을 구체적으로 제시해 주고 있습니다.
휴대를 위한 작은 사이즈의 핸디북도 있습니다.

5. 대적기도를 통한 승리의 삶
영성의 숲. 452쪽. 15,000원 / 핸디북 12,000원
대적기도 시리즈 3편. 대적기도를 인간관계, 가정에서의 삶, 복음 전도와 사역에 구체적으로 적용하는 방법을 제시하였습니다. 여기서 제시된 원리를 잘 읽고 적용한다면 삶과 사역에 있어서 많은 변화와 승리를 경험할 수 있게 될 것입니다.
휴대를 위한 작은 사이즈의 핸디북도 있습니다.

6. 대적기도의 근본적인 승리 비결
영성의 숲. 454쪽. 15,000원 / 핸디북 12,000원
대적기도 시리즈 4편. 완결편. 1부에서는 악한 영들을 근본적으로 완전하게 제압하고 승리할 수 있는 원리와 비결을 제시하고 있습니다. 2부에서는 대적기도를 적용하고 경험한 성도들의 사례가 실려 있는데 이것은 각 사람의 적용과 승리에 좋은 참고가 될 수 있을 것입니다. 휴대를 위한 작은 사이즈의 핸디북도 있습니다.

7. 아름답고 행복한 기도의 세계
영성의 숲. 276쪽. 9,000원
〈기도업데이트〉의 개정판. 자연스럽고 편안하게 기도의 아름다움과 행복에 잠길 수 있도록 돕는 책입니다. 기다리는 기도, 듣는 기도, 안식하는 기도 등 다양하고 풍성한 기도의 원리들을 일상의 예화들을 통하여 쉽게 정리하였습니다.

8. 주님의 마음에 이르는 기도
영성의 숲. 309쪽. 10,000원
기도의 원리와 방법에 대한 200개의 조언을 담았습니다. 주님의 마음을 향하여 가는 것. 그것이 기도의 방향이며 목적임을 보여주는 책입니다.

9. 주님의 임재를 경험하는 길
영성의 숲. 308쪽. 10,000원
〈주님을 경험하는 100가지 방법〉의 개정판. 주님의 살아계심과 임재를 경험하기 위한 100가지의 실제적인 방법을 제시하고 있습니다. 사모하는 마음으로 이 방법들을 시도한다면 누구나 쉽게 그분의 역사를 경험하게 될 것입니다.

10. 예수 호흡기도
영성의 숲. 460쪽. 15,000원 / 핸디북 11,000원
호흡을 통한 기도가 주님의 임재와 영적 실제에 들어가는 중요한 비밀이며 열쇠임을 보여주는 책입니다. 이 책에 제시된 원리와 방법을 충실히 시도해 본다면 누구나 놀라운 변화를 경험하게 될 것입니다.

11. 방언기도의 은혜와 능력 1권
영성의 숲. 459쪽. 16,000원 / 핸디북 12,000원
방언기도 시리즈 1편. 방언에 대한 성경적이고 균형잡힌 설명 뿐 아니라, 저자의 개인적인 경험과 간증, 방언을 받는 과정과 통역을 시도하는 과정에 대한 구체적인 설명, 여러 경험자들의 실례가 풍성하게 실려있어, 방언의 은혜에 대해 이해하고 적용하는 데에 실제적인 도움을 주는 책입니다.

12. 방언기도의 은혜와 능력 2권
영성의 숲. 403쪽. 14,000원 / 핸디북 11,000원
방언기도 2편에서는 방언과 통역이 발전해 나가는 과정과 그 영적인 의미를 깊이있게 다루었습니다. 방언의 가치와 의미를 바르게 이해하고 적용하게 될 때, 오래 동안 방언을 사용하면서도 주님의 은총를 누리지 못하던 이들이 주님의 가까우심과 아름다우심을 풍성히 경험하게 될 것입니다.

13. 방언기도의 은혜와 능력 3권
영성의 숲. 489쪽. 16,000원 / 핸디북 12,000원
방언 기도 시리즈의 결론적인 부분을 다룬 책입니다. 방언에 대한 부정적인 견해와 원인들, 방언을 통해 어떻게 부흥이 시작되는지, 은사의 바른 방향과 의미, 목적 등을 정리하였고, 전체적인 요약정리와 함께 경험자들의 구체적인 사례들을 첨부하여 실제적인 적용에 도움이 되도록 하였습니다.

<영성 시리즈>

1. 영성의 실제를 경험하는 길
영성의 숲. 357쪽. 12,000원
〈그리스도인의 아름다운 영성〉의 개정판.
많은 은혜의 도구들이 있지만 그것들이 다 주님을 접촉하는 것은 아닙니다. 참다운 영성과 주님을 경험하는 원리를 제시하는 책입니다.

2. 생각의 자유를 경험하는 길
영성의 숲. 228쪽. 8,000원
〈그리스도인의 생각 다스리기〉의 개정판. 우리가 겪는 삶의 대부분의 고통들은 스스로 만들어낸 생각의 감옥에 지나지 않으며 생각을 분별하고 관리함으로써 풍성하고 행복한 삶을 살 수 있다는 메시지를 다양한 예화와 함께 설득력 있게 제시하고 있습니다. 많은 교회에서 훈련 교재로 사용되기도 했습니다.

3. 영성의 중심은 사랑입니다
영성의 숲. 243쪽. 8,000원
하나님의 은혜를 받아들이고 누림으로써 진정한 사랑과 따뜻함의 세계를 경험할 수 있도록 돕는 책. 신앙의 따뜻함과 아름다움을 회복하고, 영혼들을 이해하고 도울 수 있는 관점을 제시하고 있습니다.

4. 영성의 원리
영성의 숲. 319쪽. 11,000원
영성에도 원리가 있습니다. 이 책은 영성의 발전을 위한 다양한 원리들, 영의 흐름, 영의 인식, 영적 승리를 위한 중보 등의 원리를 실제적인 예와 함께 잘 설명해 줍니다. 영적 부흥과 충만함을 사모하는 이들에게 좋은 참고서가 될 수 있을 것입니다.

5. 문제는 주님의 음성입니다
영성의 숲. 227쪽. 9,000원
우리의 삶에 다가오는 여러가지 어려움들, 문제들은 우연이 아닙니다. 거기에는 주님의 배려와 가르치심이 있으며 반드시 우리가 배워야 할 것이 있습니다. 이 책은 그 문제들에서 주님의 뜻과 음성을 발견하는 원리를 가르쳐 주고 있습니다.

6. 영성의 발전은 어떻게 이루어지는가
영성의 숲. 254쪽. 8,000원
〈영성의 상담〉의 증보 개정판. 영성에 대한 여러 질문과 답변을 통해 다양한 영적현상의 의미와 삶 속에서 영적 성장을 이루는 구체적인 방법들을 소개하고 있습니다.

7. 지금 이 공간에 임하시는 주님
영성의 숲. 340쪽. 12,000원
주님은 믿을수 없을만큼 가까이 계시지만 사람들은 흔히 그분을 무시함으로 그의 임재를 소멸시킵니다. 이책은 그분의 가까우심과 구체적인 공간을 통한 임재, 나타나심을 경험할수 있도록 실제적인 지침을 제시하고 있습니다.

8. 심령이 약한 자의 승리하는 삶
영성의 숲. 228쪽. 9,000원
영혼의 힘이 약하고 마음이 여리고 민감하여 고통을 겪고 있는 이들을 위한 책. 영혼의 원리 및 기질과 사명을 이해함으로써 이전에 알지 못했던 자유와 해방과 놀라운 행복감을 누리게 될 것입니다.

9. 천국의 중심원리
영성의 숲. 452쪽. 14,000원
천국은 사후에만 갈 수 있는 장소가 아닙니다. 이 땅에 살면서 천국의 임재, 그 천국의 빛과 영광을 경험할 수 있습니다. 이 책에서는 내면세계의 천국을 경험하기 위한 길과 원리를 제시해 주고 있습니다.

10. 행복한 신앙을 위한 28가지 조언
영성의 숲. 348쪽. 12,000원
〈자유롭고 행복한 그리스도인 1〉의 개정판. 묶여 있고 창백한 의식의 틀을 벗어나, 자유롭고 풍성한 믿음의 삶으로 나아가도록 돕는 책입니다. 28가지 조언속에 행복한 신앙을 위한 영적 원리들을 담고 있습니다.

11. 성숙한 신앙을 위한 30가지 조언
영성의 숲. 340쪽. 12,000원
〈자유롭고 행복한 그리스도인2〉의 개정판. 의식이 바뀔 때 천국의 자유와 기쁨을 누릴 수 있음을 보여주는 책입니다. 묶여있는 사고와 습관, 잘못된 의식에서 해방되는 원리를 제시해 주고 있습니다.

12. 의식의 깨어남을 사모하라
영성의 숲. 239쪽. 9,000원
잠과 꿈과 깨어남의 실체를 보여주며 진정한 깨어있음의 세계로 인도하는 책입니다.
의식과 영혼을 깨우기 위한 방법과 원리들을 제시해 주고 있습니다.

13. 주님의 마음, 주님의 임재 속으로
영성의 숲. 348쪽. 12,000원
오늘날 주님의 마음에 대한 많은 오해가 있어서 주님의 깊으신 임재에 들어가지 못합니다. 이 책은 그 오해를 풀어주며 우리를 향한 주님의 사랑을 보여주고 그 사랑의 임재 속에 들어가는 길을 안내해주고 있습니다.

14. 영성의 발전을 갈망하라
영성의 숲. 292쪽. 10,000원
영성의 진리 시리즈 1편. 영성을 깨우고 발전시킬 수 있는 다양한 이야기, 원리, 법칙들을 묶은 36가지의 메시지가 수록되어 있습니다. 영혼의 각성에 도움이 되는 지식과 도전을 얻게될 것입니다.

15. 집회에서 흐르는 주님의 은혜
영성의 숲. 254쪽. 8,000원
이미 출간되었던 [집회 가운데 임하시는 주님]을 새롭게 개정하였습니다. 회원들의 간증을 줄이고 더 많은 분량을 추가하였습니다. 집회 가운데 나타나는 주님의 생생한 역사와 이에 관련된 여러 영적 원리를 기술하였습니다. 읽을수록 집회 현장에 있는 듯한 감동과 은혜를 얻을 수 있을 것입니다. 은혜를 사모하는 이들, 영성 사역에 관심이 있는 사역자들에게 좋은 참고가 될 것입니다.

16. 삶을 변화시키는 생명의 원리
영성의 숲. 348쪽. 값 12,000원
삶 속에서 열매를 맺을 수 있는 비결과 원리를 시편 1편의 말씀과 요한복음 15장의 말씀을 중심으로 제시하고 있습니다. 포도나무이신 주님과 가지로서 항상 연결되는 삶이 열매를 맺는 원리이며 은총의 비결인 것을 명쾌한 논지로 설명하고 있습니다. 신앙의 기초와 방향을 분명히 밝히는 책으로서 풍성한 삶과 승리하는 삶을 갈망하는 그리스도인들에게 귀한 도전이 될 것입니다.

17. 낮아짐의 은혜1
영성의 숲. 308쪽. 값 11,000원
쉽게 하나님의 임재를 경험하며 그 은혜 가운데 머무르는 사람이 있습니다. 그 은총의 비밀은 무엇일까요? 그것은 바로 낮아짐이며 이를 통하여 주의 무한한 은혜와 천국의 풍성함을 누릴 수 있음을 본서는 증명합니다. 사람을 파괴하는 높아짐의 시작과 타락, 은혜의 회복, 열매의 풍성함 등을 다루고 있으며 누구나 그 은혜의 세계에 쉽게 이르도록 길을 제시하고 있습니다.

18. 낮아짐의 은혜 2
영성의 숲. 388쪽. 값 14,000원
낮아짐은 감추어진 비밀이며 천국의 문을 여는 보화입니다. 마귀는 낮아짐을 빼앗을 때 그 영혼을 사로잡을 수 있으므로 온갖 유혹으로 이 보화를 가로챕니다. 하나님은 천국의 풍성함을 주시기 위하여 낮아짐을 훈련하시며 인도하십니다. 2권은 적용을 주로 다루며 구체적으로 풍성한 은총을 누릴 수 있도록 권면하고 있습니다.

19. 그리스도를 갈망하는 삶
영성의 숲. 268쪽. 값 10,000원
부흥과 영적 깨어남, 영성의 다양한 원리에 대한 이야기. 삶 속의 이야기와 함께 자연스럽게 풀어서 정리하였습니다. 일상의 사소한 삶에서 영적 원리를 발견하고 적용하도록 도우며 그리스도에 대한 갈망이 증가되도록 도전하고 있습니다.

20. 영이 깨어날수록 천국을 누린다
영성의 숲. 244쪽. 값 8,000원
독자들과 일대일로 마주 앉아서 대화를 하듯이 영적 성장과 풍성한 삶을 누리는 원리에 대해서 메시지를 전달하고 있습니다. 사랑하는 삶, 영성의 깨어남에 대한 새로운 통찰력을 제공해주며 기쁨으로 주님을 따르는 길을 제시해줍니다.

<생활 영성 시리즈>

1. 주님과 차 한잔을
영성의 숲. 220쪽. 6,000원
신앙의 귀한 진리들, 주님을 사모하고 가까이 나아가는 데 도움이 되는 원리들을 유머를 통해 밝고 즐겁게 전달해주는 책입니다.
주님과 같이 차를 한잔 마시는 기분으로 부담없이 읽다 보면 자연스럽게 영적 통찰을 얻을 수 있을 것입니다.

2. 일상의 삶에서 주님을 의식하기
영성의 숲. 280쪽. 8,000원
일상의 사소한 삶 속에서 주님을 의식하며 살아가는 이야기. 신앙과 영성은 기도할 때만이 아니라 일상의 모든 삶 속에서 나타나야 한다. 작고 사소한 모든 일에서 주님을 의식하는 것이 진정한 행복의 원리인 것을 이 책은 보여주고 있습니다.

3. 일상에서 경험하는 주님의 사랑
영성의 숲. 277쪽. 8,000원
일상의 묵상 시리즈 2편. 사소한 일상의 삶에서 주님의 임재와 사랑을 느끼고 주님의 메시지를 경험하는 이야기. 항상 모든 것에서 주님의 마음과 시선으로 삶과 사람을 보고 느껴야 하며 이를 통해서 날마다 천국을 경험할 수 있음을 사소한 삶의 이야기를 통하여 부드럽게 전달해주고 있습니다.

4. 삶이 가르치는 지혜
영성의 숲. 212쪽. 6,000원
〈삶이 가르치는 지혜〉의 개정판. 우리의 삶에서 경험하는 많은 즐거운 일, 힘든 일들이 결국 우리 영혼의 성장을 위하여 주어진 일임을 보여줍니다. 가슴을 따뜻하게 하는 소박한 이야기들을 통해서 사랑의 중요성을 다시 한번 깨닫게 합니다.

5. 사랑의 나라로 가는 여행
영성의 숲. 156쪽. 5,000원
〈사랑의 나라〉의 개정판. 어른들을 위한 우화로서 한 청년이 여행을 통하여 삶의 목적과 방향을 깨달아 가는 과정이 흥미진진하게 전개되고 있습니다. 즐겁게 이야기를 읽어나가다보면 영적 성장의 방향과 중심, 영적 세계의 에너지와 원리, 흐름을 이해하는데 도움이 될 것입니다.

6. 하나님의 뜻을 발견해 가는 여행
영성의 숲. 269쪽. 신국판 변형 8,000원
성경에 등장하는 입다, 다윗, 암논의 삶과 사건들을 통하여 하나님의 아버지 마음과 하나님의 의도와 훈련을 이해하고 발견하도록 안내하는 책입니다. 등장인물들의 마음과 정서가 드라마처럼 녹아있어 흥미와 감동을 전달해 줍니다.

7. 일상에서 경험하는 주님의 은혜
영성의 숲. 253쪽. 값 8,000원
일상시리즈 3편입니다.
가족 이야기, 모임 이야기, 일상에서 경험하는 여러 가지 일들을 통해서 영적 원리와 교훈을 정리하였습니다.
일기와 이야기 형식으로 기록되어 있어서 즐겁게 읽는 가운데 주님과 같이 걷는 삶의 흐름 속으로 들어갈 수 있게 될 것입니다.

<묵상 시리즈>

1. 맑고 깊은 영성의 세계를 향하여
영성의 숲. 140쪽. 5,000원.
잠언시리즈 1편. 내 영혼의 잠언1을 판형을 바꾸어 새롭게 만들었습니다. 순결하고 맑은 영혼으로 성장하기 위한 진리의 묵상들이 간결하게 정리되어 있습니다.

2, 주님은 생수의 근원 입니다
영성의 숲. 196쪽. 6,000원
〈내 영혼의 잠언2〉의 개정판. 맑고 투명한 영성의 세계로 안내하는 영성 잠언집. 새벽녘의 신선하고 향긋한 바람처럼 우리 영혼을 달콤하게 채워주는 묵상의 글들을 모아서 정리했습니다.

3. 묻지 않는 자에게 해답을 던지지 말라
영성의 숲. 156쪽. 5,000원
삶과 사랑과 영혼의 진리를 담은 잠언 시집.
인생의 의미와 진리, 영성의 발전과정을 예리하면서도 부드러운 시각으로 표현하고 있습니다. 불신자에 대한 전도용으로도 좋은 책입니다.

4. 영혼을 깨우는 지혜의 샘물
영성의 숲. 180쪽. 6,000원
〈영적 성숙으로 향하는 여행〉의 개정판
인생, 진리, 마음, 영성 등 중요한 8가지의 주제에 대한 짧은 묵상을 담았습니다. 맑은 샘물이 흐르듯이 간결한 지혜의 메시지가 영성을 일깨워주는 책입니다.

생각의 자유를 경험하는 길

1판 1쇄 발행	2000년 6월 25일 (이레서원)
1판 9쇄 발행	2004년 10월 7일 (이레서원)
2판 1쇄 발행	2005년 7월 10일 (영성의숲)
2판 6쇄 발행	2010년 7월 20일 (영성의숲)
3판 1쇄 발행	2011년 8월 25일 (영성의숲)
3판 4쇄 발행	2018년 7월 20일 (영성의숲)
지은이	정원
펴낸이	이 혜경
펴낸곳	영성의 숲
등록번호	2001. 7. 19 제 8-341 호
전화	02 - 355 - 7526 (영성의숲)
핸드폰	010 - 9176 - 7526 (영성의숲)
E - mail	spiritforest@hanmail.net (영성의숲)
홈페이지	cafe.daum.net/garden500 (정원목사 독자 모임)
	cafe.naver.com/garden500 (정원목사 독자 모임)
국민은행	461901 - 01 - 019724
우체국	013649 - 02 - 049367
예금주	이 혜경
총판	생명의 말씀사
전화	02 - 3159 - 8211
팩스	080 - 022 - 8585,6

값 8,000원
ISBN 978 - 89 - 90200 - 81 - 5 03230